여성 학교

여성
학교

이리스 라디쉬 지음 • 장혜경 옮김

박선민 한국 자료 조사

🌱 나무생각

남성은 배워야 하고
여성은 되돌아봐야 한다

세상은 참으로 모순투성이다. 모순이란 원래 중국 초나라의 한 상인이 창矛과 방패盾를 팔면서 "어떤 방패도 막지 못할 창이요, 어떤 창이라도 뚫지 못할 방패"라고 선전했다는 고사에서 유래한 말이다. 세상의 순리順理인 줄 알고 우리가 해온 많은 일들이 이제 서로 찌르고 뚫고 얽히고설켜 있다.

가부장제의 굴레를 뚫고 여성들이 사회에 진출하며 유례없는 복지와 지적 사유를 누리는가 했더니, 어느덧 우리 주위는 아이가 없는 세상으로 변하면서 미래의 복지를 보장할 수 없게 되었다. 출산율이 곤두박질하며 사회는 고령화되고 개인은 가족을 잃고 있다. 문제를 풀고 있는 줄 알았는데 실제로는 점점 더 꼬여만 간다.

《여성 학교》는 독일 사회를 보고하고 있지만 우리나라에도 거의 예외 없이 그대로 적용된다. 한국어판은 거기다가 아예 전문가가 조사한 우리나라 자료들을 친절하게 덧붙여 우리 책으로 만들었다. 가장 최신의 통계자료들을 제시하며 우리 사회가 처해 있는 상황을 소상하게 보여준다. 책 속에 또 한 권의 책이 담겨 있다.

직장 여성이면서도 아이 셋을 기르는 저자는 "페미니즘은 자녀 문제에 대해 아무런 대답도 남기지 않았고 가부장제는 잘못된 답만 남겼다"는 선언과 함께 현대 사회가 안고 있는 자녀 문제에서 출발, 가족 문제와 남녀 문제로 확장하여 그 모든 문제들을 아우르고 진단한다. 《여성 학교》는 여성을 가르치는 것처럼 보이지만 시선은 줄곧 남성을 주시한다.

한때 우리 사회의 주역이자 영웅이었던 남성들은 이제 홀로 정원 벤치에 앉아 있다. 명절이면 흩어졌던 가족들이 한데 모이지만 그들은 대개 전통적으로 어머니의 공간인 부엌을 중심으로 화제의 꽃을 피운다. 그 굿판에 끼지 못하는 아버지는 정말 재미있어 보는 것인지 모르지만 텔레비전에서 때맞춰 특집으로 보여주는 씨름에 눈을 고정하고 있다. 귀는 온통 부엌으로 향해 있으면서.

가족이 붕괴하고 있다. 김승희 시인의 〈사랑 5, 결혼식의 사랑〉이라는 시는 다음과 같이 끝난다.

부케를 흔들며 신부가 가고
그 뒤엔 흰 장갑을 낀 신랑이 따라가면서
결혼 예식은 끝난다고 한다

모든 결혼에는 흰 장갑을 낀 제국주의가 있다

그렇지 않은가?

그러나 이제 제국주의는 말할 나위도 없거니와 제국 자체가 사라지고 있다. 저자는 오늘날 독일인의 귀가를 다음과 같이 그린다.

"집에 가봤자 방바닥에는 발에 차이는 그림책 한 권 없고, 현관에는 크기도 색깔도 다른 여러 켤레의 장화들이 놓여 있지도 않다. 영웅을 기다리는 것은 차가운 맥주 한 병과 덩그러니 놓여 있는 TV뿐이다."

이 모든 것이 다 여성들이 아이를 낳지 않아 시작된 일이다. 이제는 정말 길에 아이를 데리고 다니는 사람보다 개를 끌고 다니는 사람이 더 많아 보인다. 저자는 "페미니즘이 애당초 충만하고 해방된 여성의 삶은 아이가 없는 삶이어야 한다는 전제에서 출발하기에 아이가 있는 어머니의 문제에 전혀 마음을 쓰지 않았다"고 지적한다. 언제부터인가 우리 사회에서는 "여성들이 출산파업을 하고 있다"는 말까지 나돌기 시작했다. 그러나 아이를 낳지 않기로 한 결정은 결코 여성 혼자 내리는 것이 아니다. 남편과 아내가 이마를 마주한 채 철저하게 계산하고 신중하게 합의하여 결정하는 것이다.

나는 지금 대한민국에서 아이를 낳겠다고 계획하는 사람은 IQ가 두 자리 미만일 것이라고 생각한다. 아무리 계산해도 수지가 맞지 않는 장사다. 날이 갈수록 부담만 늘어가는 육아, 엄청난 사교육비, 결혼 비용, 자녀의 결혼 후에도 끊임없이 김치를 제공해 주어야 하는 애프터서비스 등 임신의 순간부터 죽는 날까지 출산은 계속 밑지는 장사다. 저자는 오늘날 아이를 낳는다는 것이 인공수정 과정과 같다고 설명한다. 우선 아이를 갖겠다고 결심을 해야 하고 피임약과 루프를 과감히 제거해야 한다. "인공적으로 단절시켰던 섹스와 임신의 관계를 다시 자연 상태로 되돌려놓아야 한다. 피임이라는 인공적 상태를 임신 준비라는 자연 상태로 되돌려놓아야 한다. 우리에게 지금까지 익숙하고 정상적이었던 것들을 다시 비정상적인 것으로 바꾸어야 한다."

인구학자들은 모두 출산율을 높이는 일이 엄청나게 어려운 일이라고 말한다. 생물학자인 나는 그에 동의하지 않는다. 우리 인간도 엄연히 진화의 산물로 태어난 동물이라면 모름지기 자신의 유전자를 후세에 남기려는 본능을 갖고 있기 마련이다. 아이를 낳아 기르기 편한 환경만 갖춰지면 아무리 낳지 못하게 통제해도 기어코 낳을 것이다. 아이들이 없는 세상을 만들어가는 우리는 지금 분명히 진화를 역행하고 있다. 교육받은 여성일수록 다른 여성들에게 아이를 낳게 한다. 대리모를 사용해서라도 내 유전자를 지닌 아이를 낳지 않는다면 진화의 관점에서 볼 때 자살행위와 마찬가지다. 저자의 말대로 "우리 세대의 실험은 역사상 유래가 없다." 자식을 갖지 않기로 결정한 부부의 몸 속에서 지금 유전자가 통곡하고 있다.

나는 사회생물학자로서 이런 문제들에 대해 나름대로 오랫동안 고민해 왔다. 그래서 《여성시대에는 남자도 화장을 한다》《당신의 인생을 이모작하라》 등의 책들을 쓰기도 했다. 나무생각은 소신이 있는 출판사다. 21세기형 사회과학 전문 출판사라고 하면 옳을 듯하다. 현대 사회의 가장 심각한 문제점인 고령화, 가족 문제, 그리고 여성과 남성의 문제들에 천착한다. 《고령사회 2018, 다가올 미래에 대비하라》와 《가족, 부활이냐 몰락이냐》를 잇달아 내놓은 다음 선보이는 책이 바로 《여성 학교》다. 이 세 권은 모두 연세대학교에서 독문학을 전공한 장혜경 박사가 번역한 책들이다. 원저들이 원래 시리즈로 출간된 것은 아니지만 함께 읽으면 훨씬 깊이 있고 폭 넓은 이해를 하게 될 것이다.

사람들은 요사이 우리 사회가 성역할의 혼란에 빠졌다고 말한다. 그러나 나는 그렇게 생각하지 않는다. 이제 드디어 제 역할을 찾아가는 것이다. 생물학적 성Sex은 유전자에 의해 결정되지만 사회적 성Gender은 열려 있다. 시계의 추는 절대로 불현듯 중앙에 멈춰서지 않는다. 양쪽으로 흔들흔들 왔다갔다하다가 서서히 중간 지점에 수렴한다. 《여성 학교》는 여성과 남성에게 각각 알맞은 눈높이 교육을 제공한다. 저자는 우리 시대에 가장 부족한 것이 바로 연관성과 활기라고 주장한다. 여성과 남성 사이에 가장 필요한 것들도 바로 그 둘이 아니던가? 남성은 배워야 하고 여성은 되돌아봐야 한다.

최재천 (이화여자대학교 에코과학부 교수)

일과 아이, 사랑을 모두 가질 수 있는 세계를 위하여

지난 세기 동안 인류가 적절한 인구를 유지할 수 있었고, 나아가 인구 증가가 가능했다면 그것은 순전히 여성이 억압과 불이익을 감당해 왔기 때문이다.

이것은 정말 가슴 아픈 진실이다. 차라리 외면하고픈 진실이다. 하지만 그 진실을 피할 수는 없다. 사실이 그러하니까 말이다. 여성은 인류의 숫자가 점점 더 늘어나도록 애를 썼고 그를 위해 엄청난 대가를 치렀다. 이런 억압과 불이익을 비판한다는 것, 그 불이익을 최대한 제거하는 것은 정당한 일이다. 남녀평등은 현대가 일구어낸 가장 멋진 성과 중 하나이다. 하지만 그것 역시 공짜는 아니었다.

여성에 대한 억압이 사라지고 여성의 불이익이 줄어들자, 가슴 아픈 진실은 역전되었다. 지난 몇십 년 동안 우리의 인구가 적절히 유지되지 못했고 전혀 늘어나지 못한 것은 여성에 대한 억압과 불이익이 줄어든 결과였다. 달리 표현하자면, 이제 여성들이 자식을 위해 더 이상 희생하려 들지 않으면서 상대적으로 출생아의 숫자가 줄어들고 있는 것이다. 그리하여 문제가 발생했다.

남자와 여자의 결합, 가정이라는 둥지와 후손은 인류가 탄생한 이후 세계가 걸어온 자연스러운 행보이다. 지금껏 더 이상 번식하지 않는 종은 존재한 적이 없었다. 이제 우리는 자식이 없기에, 인생에서 맛볼 수 있는 가장 심오하고 활기 넘치는 경험을 포기하고 있다. 우리는 우리의 삶을 있게 했던 세대의 사슬을 과감히 끊어버리고 있다.

이제 무슨 일이 일어날까? 페미니즘은 자녀 문제에 대해서는 아무런 대답도 남기지 않았고 가부장제는 잘못된 대답만 남겼다. 우리의 행복과 미래는 이 문제에 대한 지금까지와는 다른 해답의 존재 여부에 달려 있다.

나는 자식이 셋이며 직장에 다니는 워킹맘working-mom이다. 그리고 자녀 문제에 관해서는 간단한 해결책을 믿지 않는다. 나는 여성에게 간단한 해결책을 약속하는 사람들 모두가 실제로는 여성을 진지하게 생각하지 않는다고 믿고 있다. 특히 어려움이 닥쳤다고 해서 여성들에게 직장을 그만두라고 권하는 해결책이라면 절대로 믿지 않는다.

세상과 담을 쌓은 고귀한 야만인으로서의 여성, 냄비와 침대 시트 사이에 고이 보존된 여성! 몰리에르의 《아내들의 학교L'École des femmes》에 등장하는 가부장제는 이미 300년도 더 전에 이러한 이념으로 실패를 맛보았다. 물론 다시 한 번 그런 노력을 해볼 것인지하는 문제는 여성 각자의 재량에 맡겨질 것이다. 하지만 우리 모두가 이런 퇴보의 대열에 동참한다면 세상은 다시 남성들의 손으로 넘어갈 것이며, 여성들의 능력과 재능은 활용되지 못한 채 썩고 말 것이다.

일, 아이, 사랑. 오랫동안 나는 원하기만 하면 이 모두를 다 가질 수 있다고 믿었다. 어찌 보면 행복은 그저 행운의 문제이다. 하지만 또 한편으로 행복은 힘의 문제이다. 그리고 결합 가능성의 문제이기도 하다.

언제가부터 나는 그 모두 것을 믿지 않게 되었다. 어쩌면 사람들로 미어터지는 교외선 기차를 타고 출근하던 어느 겨울날 새벽부터였는지도 모르겠다. 어쩌면 건조기 앞에 서 있던 어느 날 밤, 또는 아직 어둑어둑한 길을 지나 어린이집으로 걸어가던 어느 새벽부터였는지도 모르겠다. 그 당시 나에게는 이런 의문이 밀려들었다. 뭔가 근본적으로 잘못 돌아가고 있는 건 아닐까? 이 지점에서 현대 사회는 더듬거린다. 그리고 새로운 의문이 솟구친다. 그렇다면 이제부터 우리는 어떻게 해야 할까?

이 질문에 완벽한 대답은 없다. 우리는 번식과 같은 가장 근본적인 문제가 아직 제자리를 잡지 못한 이 세계를 똑바로 바라봐야 한다. 우리가 만들어놓은, 아이 없는 세상을 바라봐야 한다. 그리고 아이들은 있지만 가족이 붕괴되어 갈가리 흩어지고, 서로를 위해 투자할 시간이라고는 없는 세상을 바라봐야 한다. 우리는 원초적인 생명의 순환에서 아주 멀리 떨어져 있는 우리의 모습을, 그리고 무엇보다 더 이상 아무런 열매를 맺지 못하는 우리의 사랑을 바라봐야 한다.

여성의 생활은 역사 이래 가장 살 만하다. 하지만 자녀문제, 출산에 대한 문제에 관해서만은 여전히 해답을 찾지 못하고 있다.

차례

3장 사랑의 재앙

4장 사면초가에 빠진 가족

5장 아이들이 있는 세상

6장 아버지로서의 남자

7장 엄마와 여성이라는 이름의 결합 가능성

8장 우리에게 부족한 것들

1장

영웅들의 여명

영웅들이 돌아오고 있다

그동안 남자들은 힘들게 싸웠다.

법을 만들고 도시를 건설했으며 고속도로를 닦고 원자력 발전소를 세웠다. 신문을 만들고 식기 세척기를 고안했으며 〈파우스트〉 1막과 2막을 수천 가지 형태로 무대에 올렸다. 인류에게 부족한 것이란 이제 별로 없다. 우리는 곧 화성에도 우주선을 쏘아 올릴 것이다. 남성들은 영웅이다. 위대한 경제 기적을 일구어냈고 국가를 재건했으며 그 국가를 지구상에서 가장 부강한 나라 중의 하나로 키워냈다.

이제 영웅들이 사령부를 떠나 돌아오고 있다. 그들은 집으로 돌아와 승리를 자축하고 싶어한다. 아내와 정원 벤치에 느긋하게 앉아 뛰어노는 아이들을 지켜보고 싶어한다. 하지만 그들은 곧 당황하고 만다. 집에 돌아와 보니 요람은 텅 비어 있고 아내는 일하러 나가고 없는 게 아닌가!

독일 남성은 이제 홀로 정원 벤치에 앉아 있다. 그가 만든 자동차는 고속도로를 달리고, 비행기는 하늘을 날며 유리 궁전은 햇빛을 받아 반짝인다. 하지만 함께 그 성과를 기뻐해줄 이는 없다. 그것을 물려받을 이도 없다. 영웅은 고독하다.

우리는 전후 시대의 위대한 업적을 이루어냈다. 재건과 통일과 산업혁명과 성性혁명, 가상공간의 혁명과 유전공학의 혁명이 우리의 업적이었다. 우리는 진보를 원했고 진보를 믿었으며 진보를 얻어냈다. 역사상 그 어떤 세대도 우리처럼 물질적 풍요를 누려보지 못했다. 역사적으로 우리보다 더 안락한 생활을 누렸던 세대는 없었다.

우리는 더 이상 풍요로울 수 없으며 더 이상 안락할 수 없다는 사실을 잘 알고 있다. 지금보다 더 많은 복지와 더 많은 물질적 풍요는 불가능하다. 그럼에도 우리는 불평과 상실의 두려움, 불안의 시대를 살고 있다. 지금 우리에게 부족한 것이 있다면 그건 돈으로 살 수 없는 것들이다. 자신과 죽음을 제외한 세상 모든 것은 비교급이 존재하지만 우리는 느낀다. 더 많은 것, 더더욱 많은 것을 향한 욕망이 날로 줄어들고 있다는 것을. 앞으로도 우리는 가능한 모든 것을 점점 더 많이 생산할 것이다. 또 우리의 수명은 점점 더 길어질 것이다. 얼마 안 가 두 배까지 늘어날지 모를 일이다.

하지만 우리는 여전히 한 가지 질문에 대한 해답을 못 찾고 있다. 우리가 점점 더 많이 갖게 되어 좋은 점은 과연 무엇인가? 이런 근본적인 물음을 가지고 우리는 혼자 사무실에 앉아 있다. 이 질문을 떨쳐버리지 못하게 된 후부터는 퇴근을 하고도 늘 뭔가 할 일이 남은 듯한 느낌이 든다.

저녁 8시부터 10시 사이, 터덜터덜 지친 걸음으로 중앙 통제실을 나온 영웅들이 하고 싶은 것은 똑같다. 집에 가서 아내와 아이들과 편안하게 지내고 싶어한다. 하지만 남성의 추진력 덕분에 모든 것이 날로 늘어나게 된 이후 진보가 원하는 것은 그 반대가 되었다. 결혼한 부부 중 세 쌍이 이혼을 한다. 교육받은 독일 중산층 여성의 3분의 1 이상에게는 아이가 없다. 집에 가봤자 방바닥에는 발에 차이는 그림책 한 권 없고, 현관에 크기도 색깔도 다른 여러 켤레의 장화들이 놓여 있지도 않다. 영웅을 기다리는 것은 차가운 맥주 한 병과 덩그러니 놓여 있는 TV뿐이다.

이 시대에는 다들 인구 문제를 걱정한다. 어디를 가나 이대로 가면 독일인은 멸종하고 말 것이라고 말한다. 이런 태세라면 이제 곧 늙은 우리들의 엉덩이 고관절과 틀니와 암 치료비를 대줄 젊은 사람들이 사라질 것이다. 우리의 〈파우스트〉 2막에 열광할 사람이 사라질 것이며, 우리의 책을 이해하고 우리의 박물관을 찾아주며 우리의 아르마니 양복을 입고 우리의 단독 주택에서 살아줄 사람들이 사라질 것이다.

이것은 분명 깜짝 놀랄 일이다. 하지만 지난 40년 동안 우리는 그렇게 될 것이라는 사실을 알고 있었다. 1960년대부터 인구피라미드는 벌써 볼품없는 모양이 되고 말았다. 적은 아이들, 개인을 꽉 붙들어주지 못하는 느슨한 가족의 끈, 지난 몇십 년 전부터 시작된 한탄은 이젠 너무 늦었다. 인구 통계자료를 도저히 믿을 수 없어 벌어진

입을 다물 수 없을 정도로 너무 늦어버렸다.

그럼에도 사람들은 '몰락의 분위기는 미래 우리 자신의 모습이 될, 노인들의 숫자가 증가될 것에 대한 두려움 때문이 아니다. 문제는 세대 전쟁이 아니다. 그건 그저 영웅들이 자신의 고독을 메우는 데 사용하는 비유일 뿐이다'라고 자위하고 만다. 그들의 고독과 슬픔을 메우기 위한, 그리고 앞으로는 전후 시대의 승리에 박수갈채를 보내줄 사람이 존재하지 않을 것이라는 불쾌한 기분을 위안받기 위한 그저 하나의 비유라고 말이다.

한국의 이혼율 상황

　한국에서도 이혼율은 높은 편에 속한다. 1996년 이후 이혼율은 꾸준히 증가하여 인구 1,000명당 이혼 건수를 말하는 조이혼율이 2003년 당시 3.5로 가장 높은 비율을 나타냈다. 이후 이혼율은 완만하게 감소하여 2006년 한 해 동안 125,000건(조이혼율* 2.6)으로 하루 평균 342건(쌍)이 이혼하고 있다. 이러한 감소세는 유배우 인구(25~49세) 감소 및 '이혼숙려기간' 시범 도입 등의 영향으로 이혼이 줄어든 것으로 설명되고 있으나 여전히 높은 이혼율을 보이고 있다.

　동거기간별 이혼율을 살펴보면, 1996년에서 2006년 사이 동거기간 4년 이하의 동거부부가 가장 이혼율이 높게 나타났으며, 두 번째

자료 01 이혼 건수 및 조이혼율

구 분	1996	1997	1998	1999	2000	2001	2002	2003	2004	2005	2006
총이혼건수(천건)	79.9	91.2	116.7	118.0	120.0	135.0	145.3	167.1	139.4	128.5	125.0
증감(천건)	11.6	11.3	25.6	1.3	2.0	15.0	10.3	21.8	-27.7	-10.9	-3.4
증감률(%)	17.0	14.1	28.0	1.1	1.7	12.5	7.6	15.0	-16.6	-7.8	-2.7
조이혼율*	1.7	2.0	2.5	2.5	2.5	2.8	3.0	3.5	2.9	2.6	2.6

*출처 : 통계청, 〈2006년 이혼통계 결과 보도자료〉, 2007

* 조이혼율(粗離婚率, Crude Divorce Rate, CDR) : 1년간 신고된 총 이혼건수를 당해 연도의 연앙年央인구(출생률과 사망률 산출 시 보통 그 해의 중간인 7월 1일을 기준으로 하는데, 이때의 인구를 연앙인구라고 한다)로 나누어 1,000분율로 나타낸 것.

로 20년 이상 생활한 동거부부가 높게 나타났다. 특히 4년 이하 동거부부의 이혼 구성비는 26.5%로 가장 높게 나타났으며, 2003년까지는 감소세였으나 외국인과의 이혼 증가 영향으로 2004년 이후 꾸준히 증가하고 있다고 통계청은 보고하고 있다.

　이러한 결과에 대해 한국여성정책연구원 변화순 선임연구위원은 이 시기를 "가족주기상 결혼 초에 해당하는 가족형성기로 보고, 결혼하기 전까지 개인주의적 사고방식과 제도적 평등을 강조하는 교육에 익숙한 개인들이 결혼을 통해 가부장적인 가족문화와 상호구속적인 결혼관계의 부적응이나 갈등을 경험하게 되고, 이들 가운데 이혼을 선택하는 사람들이 과거보다 증가한 결과"로 해석하고 있다. 이는 가족주의적 가치와 결혼에 대한 전통적 규범의식이 강했던 과거

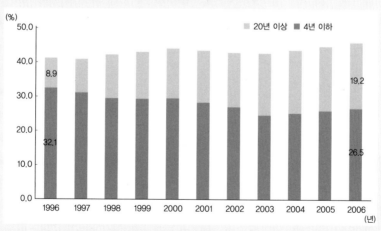

자료 02 동거기간(4년 이하, 20년 이상)별 이혼 구성비 추이

(%)

50.0

40.0

30.0

20.0

10.0

0.0

　　20년 이상　　4년 이하

8.9

32.1

19.2

26.5

1996　1997　1998　1999　2000　2001　2002　2003　2004　2005　2006
(년)

＊출처 : 통계청, 〈2006년 이혼통계 결과 보도자료〉, 2007

에는 개인적 희생이나 인내를 감수하면서도 결혼과 가족관계를 유지해 왔다면, 오늘날에는 개인의 행복추구를 하나의 권리로 인식하게 되면서 이혼을 대안적인 선택으로 인식하게 된 결과라고 말하고 있다(한국여성개발원, 〈이혼, 어떻게 볼 것인가〉 이슈브리프 07-09, 2007).

한편, 최근 20년 이상 동거부부의 이혼 구성비도 전체 이혼 중 19.2%로 10년 전(1996년)의 8.9%보다 2.1배 증가하여 매년 증가세를 보이는 것도 특징적이다.

한국의 인구 전망

앞으로 한국의 인구전망도 심각히 고려해 보아야 할 상황이다. 통계청의 2006년 장래인구추계결과를 살펴보면 총인구가 2018년을 정점으로 4,934만 명까지 증가하다가 계속해서 감소하여 2030년에는 4,863만 5천 명, 2050년에는 4,234만 3천 명에 이를 것으로 보인다.

반면 노인인구는 계속적으로 증가할 것으로 추정하고 있다. 2000년 당시 65세 이상 노인인구가 전체 인구의 7.2%를 차지해 고령화 사회에 진입하였으며, 2007년에는 9.9%가 전체 인구에 대한 노인인구 비율이다. 또한 앞으로 2018년에는 14.3%로 고령사회에 진입하고, 2026년에는 20.8%로 초고령 사회에 들어가게 될 것이다.

문제는 해가 갈수록 전체 인구는 감소하고 노인인구는 많아지는데 이들을 책임져줄 젊은 세대가 지속적으로 감소하고 있다는 것이다. 실제 출산율만 보더라도 2006년 합계출산율이 1.13명이며 이 수치는 과거 1991년 1.74명과 비교해 보았을 때보다 낮은 수치이다 (보건복지부, 2007년 5월 7일 보도자료). 이러한 수치는 2005년 합계출산율이 1.08명으로 세계에서 가장 낮은 출산율을 보이던 시점에 비해 비교적 큰 폭으로 상승한 것이지만 계속적으로 많은 아이들이 이 세상에 나올지는 미지수이다. 또한, 노년부양비(65세 이상 인구 / 15~64세 인구)는 2005년 당시 12.6%이나 기대수명 증가로 인하여 2030년 37.7%, 2050년 72.0%로 크게 높아질 전망이다. 이는 2005년 생산가능인구 7.9명당 노인 1명을 부양한다는 것이지만, 2030년에는 2.7명당 노인 1명, 2050년에는 1.4명당 노인 1명을 부양하게 될 것이라는 것이다(통계청, 〈장래인구 추계결과〉, 2006).

이렇게 전체 총 인구의 감소와 노인인구의 지속적인 증가 그리고 저출산에 이은 전망은 한국의 인구구조를 변화시킬 것으로 보인다. 1960년만 하더라도 피라미드형이었던 인구모형이 2005년 당시 종형으로 출생률과 사망률이 함께 감소하는 인구구조였다. 그러나 2050년에는 인구증가율이 감소되는 주발형(항아리 모양)으로 인구구조가 변화될 것으로 전망된다.

즉, 2050년이 되면 세상에 태어날 인구는 적고 장수할 노인인구는 증가하게 될 것이며, 중위연령이 56.7세로 40대 이상의 인구가 비교적 훨씬 많은 항아리 모형 구조를 보이게 될 것이라는 것이다.

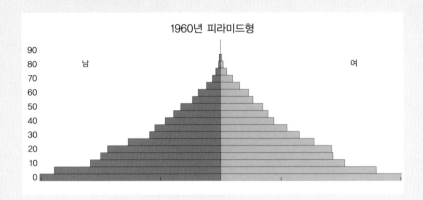

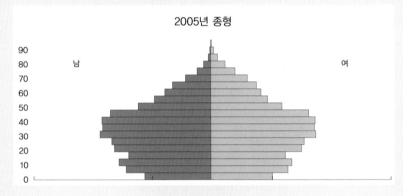

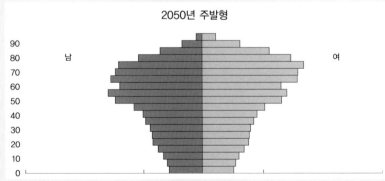

자료 03 인구피라미드 변화 추이

1960년 피라미드형

남 여

2005년 종형

남 여

2050년 주발형

남 여

＊ 출처 : 통계청, 〈장래인구추계결과〉, 2006

교육받은 여성은 다른 여성에게 아이를 낳게 한다

우리의 인구수가 날로 줄어드는 것이 정말로 안 좋은 것일까? 예상대로 2050년에 1950년의 인구를 다시 회복하게 된다면 또 어떨까?

그런데 인류의 숫자가 줄어들면 서로 감당해야 할 부담도 줄어들지 않을까? 교통 체증도 줄고, 자동차도 비행기도 쓰레기도 줄어들며, 병자도 소비자도 환경오염도 줄어들 것이다. 상대적으로 공간과 여유, 휴식이 늘어나게 될 것이며 고속도로에는 멧돼지와 양이 뛰어놀고 공기도 맑아질 것이다. 스웨덴이 살기 좋은 나라가 된 이유도 결국에는 스웨덴에 스웨덴 사람들이 적기 때문은 아닐까? 그렇게 볼수도 있다.

한편으로는 독일이 멸망할 것이라고 위협하여 엄청난 매출을 올리는 이들도 있다. 몰락한 고도 문명의 예는 역사적으로도 많았다고 말이다. 후기 로마도 출산율 문제가 많았었기 때문에, 문화라고는 없으면서 애만 우글우글 낳은 야만인들이 로마를 쉽게 집어 삼켰노라고 주장하면서 말이다.

그렇게 본다면 역사는 반복된다. 우리 역시 날로 인구수가 줄어들 것이다. 이제 곧 출산율 높은 어느 야만족이 우리의 유리 회의실로 들이닥치고 말 것이다. 그들에게 대항하기에는 우리의 수가 너무 적다. 아니 오히려 그들에게 의지해야 할 것이다. 세계사를 살펴보면 오히려 우리가 그들을 적극적으로 환영해야 할 처지이다. 물론 우리의 일부는 살아남을 것이다. 로마인들의 흔적처럼 말이다.

얻을 때가 있으면 잃을 때가 있는 법, 그것이 자연의 법칙이다. 한때는 크고 아름다웠던 것도 시간이 지나면 주름살이 생기고 늙으며 결국 죽는다. 모든 것은 다음 세대에게 자리를 물려줘야 한다. 고도 문화라고 해서 나무나 꽃과 다를 게 무엇이란 말인가?

고통스러워하는 영웅들도 진지하게 대접해야 한다. 그들은 가장 소중한 것을 잃어버린 사람들이기 때문이다. 그들은 찬란한 복지 사회를 일구고자 투쟁해야 할 이유를 잃어버렸다. 이제 그들은 책임자를 찾는다. 경제 기적과 같은 위대한 업적을 물려받을 후손이 없다니, 어쩌다 이 모양이 되었단 말인가? 누가 애를 낳지 않았나? 누가 신이 주신 섹스와 번식의 끈을 끊어버렸단 말인가? 누가 갑자기 자신의 성 정체성을 잃어버리고 남자처럼 행동하고 다녔나? 누가 갑자기 바지를 입고 은행에 구좌를 텄단 말인가? 누가 남자처럼 자기 자신부터 먼저 생각하는가? 누가 신이 주신 노동 분업을 경시하는가?

우리다. 바로 우리 여자들이다. 우리는 죄인이다. 40대, 50대, 60대 여성들, 개와 고양이와 별장, 베르사체 바지와 온돌과 자가용과 장미, 가능한 모든 것을 다 가진 우리들. 다 가졌지만 아이만 없는 우리들. 우리의 교육수준이 높을수록 아이는 적어진다. 돈이 많을수록 아이가 적어진다. 평등할수록 아이가 없어진다.

지금, 아이들은 불쾌한 존재가 되어버렸다. 다시 말해 통계학적으로 낮은 신분의 대명사가 되었다. 좀더 거칠게 표현하자면 오늘날의 아이들은 '뚱뚱하고 멍청한 것들'의 대명사로 통용된다. 교육을 받은 독립적인 여성들은 설사 아이가 있다 해도 과거처럼 가난한 계층의 손을 빌어 아이들을 키우는 데서 그치지 않는다. 아예 그들에게 아이를 낳게 한다. 직장에서 성공하지 못하고, 집에서 하루종일 레고나 정리하는 전업 여성들에게 말이다. 그런데 아이들을 누구보다 쉽게 키울 수 있는 사람들, 남의 손을 빌어 육아의 노고를 덜 수도 있는 사람들이 이런 호사를 대부분 포기하였다.

한국 여성의 경제활동 참가율, 교육수준에 따른 임신 출산 비율

한국에서도 여성이 일을 가질수록, 교육을 더 많이 받을수록, 더 좋은 직업을 갖게 될수록 아이를 임신하고 출산하는 데 영향을 미치고 있다. 한국 여성의 경제활동 참가율은 2000년 48.8%였다가 2001년 49.3%, 2002년 49.8%, 2003년 49.0%, 2004년 49.9%, 2005년 50.1%, 2006년 50.3%로 매년 여성 취업자가 지속적으로 증가세를 보이고 있다.

그런데 2005년 통계청의 인구주택총조사 결과에 따르면 취업 중인 기혼여성이 미취업 기혼여성보다 출산율이 더 낮게 나타나고 있

자료 04 여성의 경제활동 참가율

(단위 : %)

연령계층별	2000	2001	2002	2003	2004	2005	2006
계	48.8	49.3	49.8	49.0	49.9	50.1	50.3
15~19세	12.6	12.7	11.9	11.4	11.1	10.3	8.9
20~29세	58.4	59.7	61.1	61.3	63.3	64.4	63.5
30~39세	54.1	54.4	54.6	53.9	54.5	54.6	56.4
40~49세	64.3	64.0	64.0	63.0	64.2	64.4	65.0
50~59세	53.5	53.9	54.3	52.6	53.2	54.3	54.7
60세 이상	30.2	30.0	30.1	27.8	28.3	28.1	28.3

* 출처 : 통계청, 〈여성의 연령 및 연도별 경제활동 참가율〉

어 여성의 경제활동과 출산율이 관계가 있음을 알 수 있다. 실제로 취업한 기혼여성의 평균 출생아수는 2.3명이고, 미취업인 기혼여성의 평균 출생아수는 2.5명으로 나타났다. 이러한 결과를 보면 매년 여성의 경제활동 인구가 증가하고 있고 이러한 경제활동 여성이 출산을 기피할 확률이 높을 것이라고 예상할 수 있다.

또한, 직업별로 보았을 때도 전문직종에서 일하는 기혼여성의 평균 출생아수는 1.5명으로, 사무직이나 서비스직, 단순 노무 종사자 등 다른 직종에 비해 훨씬 낮은 수치를 보였다. 특히 농업, 임업 및

자료05 경제활동 상태별 평균 출생아수

(단위 : 명)

종사상 지위	평균 출생아수	직업	평균 출생아수
15세 이상	2.4	0. 의회의원, 고위임직원 및 관리자	2.0
취업자	2.3	1. 전문가	1.5
임금근로자	1.8	2. 기술공 및 준전문가	1.6
고용원이 없는 자영자	2.8	3. 사무 종사자	1.6
고용원을 둔 사업주	2.0	4. 서비스 종사자	2.0
무급가족 종사자	2.9	5. 판매 종사자	2.1
미취업자	2.5	6. 농업, 임업 및 어업 숙련 종사자	3.9
		7. 기능원 및 관련 기능 종사자	2.1
		8. 장치, 기계조작 및 조립 종사자	2.0
		9. 단순 노무 종사자	2.4

* 출처 : 통계청, 〈인구주택총조사〉, 2005

어업 숙련 종사자의 경우는 평균 출생아수가 3.9명으로 나타나 여전히 높은 출산율을 보임으로서 상위 직업군에 속하는 기혼여성이 자녀 출산을 더 기피하는 것을 알 수 있다.

이러한 현상은 교육수준과 출산율에 있어서도 같은 결과를 보여 기혼여성의 학력이 높아질수록 출생아수는 줄어드는 경향을 나타내고 있었다. 교육정도별 평균 출생아수는 초등학교 졸업자가 3.3명, 중학교 졸업이 2.4명, 고등학교 졸업 1.9명, 대학졸업 이상은 1.6명으로 나타났다.

이렇게 한국에서도 독일 상황과 비슷하게 기혼여성이 경제활동을 할 경우, 교육수준이 높을수록, 상위직업군에 속할수록 자녀를 덜 출산하고 있음을 알 수 있다.

자료06 교육 정도별 평균 출생아수

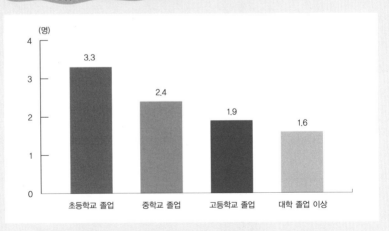

* 출처 : 통계청, 〈2005년 인구주택총조사, 표본집계결과(여성·아동·고령자·활동제약자·혼인연령·1인가구 부문)〉, 2006

아이가 있는 여성과
아이가 없는 여성은
서로 다른 세상에서 산다

아이가 있는 여성과 아이가 없는 여성은 서로 다른 세상에서 살고 있다. 물론 이건 하나의 진실일 뿐이다. 또 다른 진실도 있다. 아이가 없는 중앙 행성 주위에는 성격이 다른 행성들이 있다는 것이다. 나는 내 인생의 대부분을 아이가 많은 행성에서 살았다. 우리 부모님은 자식이 셋이고 손자가 여덟이다. 우리 시부모님은 자식이 넷이고 손자가 여덟이다. 나의 세 딸은 여자 사촌이 열한 명, 남자 사촌이 두 명, 숙모가 세 명, 삼촌이 두 명, 할머니, 할아버지가 네 명이며 친척 할머니 할아버지는 수없이 많다. 이들이 한 곳에 모이면 정말로 정신없고 북새통이 된다.

아이가 많은 가족들이 흔히 그렇듯, 우리 역시 아이가 많은 가족들과 친하게 된다. 내 딸들의 친구들은 적어도 하나, 대부분은 두셋의 형제나 자매가 있고, 형제간에 아버지가 다른 경우도 많다. 내 친구 둘은 아이가 다섯이고 또 다른 둘은 넷이며, 하나는 아이가 셋이다. 인구통계학에는 전혀 영향을 미치지 못할 비율이며, 심지어 현실과도 거리가 먼 풍경이지만 이런 내 주변 환경에서 하나의 결론을 내릴 수 있다. 아이가 있으면 아이가 있는 사람들과 친하게 지낸다. 또 아이가 없으면 아이가 없는 사람들끼리 친하게 지낸다. 아이가 많은 가족과 아이가 없는 가족은 서로 거의 접촉할 수 없게 뚝 떨어진 두 행성에서 사는 사람들이 된다.

내가 아이들에게 둘러싸여 살다 보니 사실 독일에 아이가 너무 없다는 생각을 하지 못했었다. 우리의 어린 시절에는 아이들로 붐벼 터질 것만 같은 유치원과 미어지는 초등학교 교실, 아이들의 재잘대는 소리에 귀가 따갑게 울려대던 운동장이 있었다. 그리고 지금까지도 우리의 인생은 아이들로 넘쳐난다. 우리집 이야기만은 아니다. 형제, 자매의 집도, 친구들의 집도, 우리가 지금 살고 있는 시골도, 몇 해 전에 살았던 시 외곽에도 아이들이 넘쳐났다. 공포에 질린 출산 장려 광고가 아니었다면 나는 독일에 아이들이 너무 적다는 생각을 한 번도 해보지 못했을 것이다.

하지만 나도 종종 의심을 품게 된다. 나를 에워싸고 있는 저 아이들이 주렁주렁한 엄마들은 과연 자신이 하고 싶은 것을 다 하며 살까? 용케도 그들은 취미 활동을 하고 극장에도 다니며 몇 시간씩 아르바이트도 하고 마사지와 요가도 다닌다. 하지만 그들 모두에게는 한 가지 공통점이 있다. 바로 정규 직장에 다니지 않는다는 것이다.

그리고 내가 다니는 정규 직장에는 극히 적은 수의 여성들만이 존재한다. 이 여성들 중에서 아이가 있는 숫자는 더 적고, 아이가 있는 더 적은 수의 여성은 당연히 적은 수의 아이밖에 낳지 않는다는 사실이 지금까지는 큰 이목을 끌지 않았다. 그러나 누가 봐도 여성이 정규 직장을 다니는 것과 하나 이상, 기껏해야 두 명의 아이를 낳는 출산율에는 직접적인 연관이 있다.

숫자 역시 이런 주장을 뒷받침한다. 직장에 다니는 독일 여성은 거의가 자식을 낳지 않는다. 여성의 능력이 뛰어날수록 자식의 숫자도 줄어든다. 아이가 부족하다는 사실은 논란의 여지가 없다. 낮은 출산율은 특히 이 책에서 주로 언급할 교육받은 중산층들에게서 더더욱 눈에 띄는 현상이다. 현재 대학을 졸업한 독일 여성의 약 40%에게는 자녀가 없다.

그리고 지금 존재하지 않는 모든 것은 다른 무엇으로도 대체될 수 없다. 아이들은 지금, 학교나 대학에서만 부족한 게 아니다. 이 아이들은 훗날 우리가 나이 들어 밥지을 힘조차 없어 도움이 필요할 때도 역시 부족할 것이다. 우리에게 밥을 해주겠다는 사람이 한 명도 없다고 생각해 보라. 두려운 마음으로 매달 열심히 부었던 각종 보험금을 받아 임금을 듬뿍 안겨준다 해도 우리를 도와줄 사람은 없을 것이다. 우리의 휠체어를 밀어줄 사람도, 하릴 없이 양로원 휴게실에 앉아 있는 우리에게 위로의 말을 던져줄 사람도 없다. 어쨌든 염세주의자들은 그렇게 예언한다.

하지만 염세주의자들이 잊은 게 한 가지 있다. 지금도 독일 상류층의 자손들은 양로원에서 밥을 짓거나 침대보를 갈지 않는다. 유치원에 다녀온 우리 아이들을 봐주는 사람은 변호사의 딸들이 아니고, 연로한 우리 엄마의 쇼핑을 도와주는 사람도 치과 의사의 아들들이 아니다. 지금도 우리의 화장실은 폴란드 아줌마가 청소하고 아이들은 러시아 아줌마가 봐주며 엄마는 터키 아줌마가 돌보고 정원은 알바니아 아저씨가 살펴준다. 육아도 간병도, 집안일도 정원일도, 여성의 몫이던 이 모든 일들을 돈 주고 산 개발도상국 인력의 손에 넘긴 지 이미 오래다.

오늘날 이주에 대해 말할 때는 무엇보다 여성 세계로의 이주에 대해 말해야 한다. 한 세대 전만 해도 자기 자식은 자기가 봤고 자기 엄마는 자기가 돌봤으며 온 가족이 함께 정원 일을 하는 것이 대세였다. 물론 요즘도 그렇게 사는 사람들이 더러 있다. 하지만 인구통계학적 수축이 멈출 기세가 없는 상류층에서는 그런 일이 거의 없다. 복지와 생활수준을 측정하는 척도는 집안일과 가사일을 어느 정도 개발도상국의 이주민에게 맡기고 사는지의 여부가 되어버렸다. 당연히 그 결과는 편리하고 편안한 생활이다. 우리 여성들에게 선사되는 자유이다. 그리고 다들 우리가 그 자유를 얻기 위해 어떤 대가를 치렀는지에 대해서는 침묵 중이다.

여성 취업 방해 요소 1순위는 육아부담

그렇다면 왜 경제활동을 하는 직장여성과 일정수준 교육을 받은 여성들이 출산을 기피하고 있을까? 한국의 경우 여성들의 취업에 대한 견해 조사(통계청, 〈2006년 사회통계조사〉)를 보면 여성취업에 대해서 '직업을 가지는 것이 좋다'라는 견해가 85.5%이고, '가정 일에 전념하는 것이 더 중요하다'는 견해는 8.7%로 여성취업에 대해 긍정적인 의견을 말하고 있다. 또한 직업을 가질 경우, 어느 시기에 취업하는 것이 좋은지에 대해 물어본 결과 '가정일에 관계없이 계속 취업'이 47.3%이었고, 반면 '첫자녀 출산 전까지'는 7.3%로 자녀의 출산여부와 관계없이, 결혼한 여성도 경제활동을 하기 바라는 사회적인 의식이 많이 확대되었다는 것을 알 수 있다.

그러나 실제로 여성들에게 여성취업의 가장 큰 장애요인은 '육아부

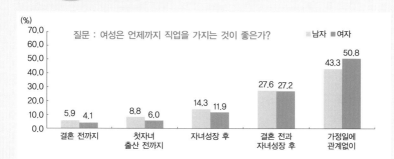

자료 07 여성취업 관련 문항

질문 : 여성은 언제까지 직업을 가지는 것이 좋은가? ■남자 ■여자

	결혼 전까지	첫자녀 출산 전까지	자녀성장 후	결혼 전과 자녀성장 후	가정일에 관계없이
남자	5.9	8.8	14.3	27.6	43.3
여자	4.1	6.0	11.9	27.2	50.8

＊출처 : 통계청, 〈사회통계조사〉, 2006

담(45.9%)'이었고, 다음은 '여성에 대한 사회적 편견 및 관행(18.5%)', '불평등한 근로여건(11.6%)' 순이었다.

더구나 '육아부담'은 2002년 38.8%에서 2006년 45.9%로 7.1%p 높아진 상태이다. 특히 혼인상태별로 배우자가 있는 경우, 여성취업의 장애요인을 살펴보면 '육아부담'의 비율(51.4%)이 상대적으로 높게 나타나 결혼한 여성들이 왜 쉽게 경제활동을 하기 어려운지 알 수 있다. 그만큼 편하게 자신의 아이를 맡아주거나 도움을 줄 수 있는 자원이 부족함을 예견해 볼 수 있다.

상황이 이러하니 대학을 졸업한 기혼 여성의 출생아가 1.6명으로 가장 낮게 나타나는 것은 어찌 보면 당연할 수 있는 일이라 본다(통계청, 〈2005년 인구주택총조사, 표본집계결과(여성·아동·고령자·활동제약자·혼인연령·1인가구 부문)〉, 2006).

더구나 여성의 대학졸업 이상 인구는 해마다 증가하고 있다. 통계

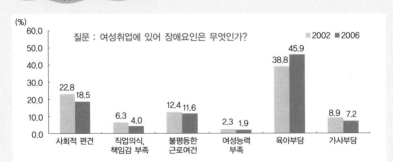

자료 08 여성취업 장애요인

＊출처 : 통계청, 〈사회통계조사〉, 2006

청의 인구주택총조사 결과(2005)를 살펴보면 대학졸업 이상의 여성 인구는 2000년 대비 증가율이 54.1%로 남자의 경우(32.5%) 보다 높게 나타나고 있다. 또한, 대학졸업 이상 인구 중 여성 비중은 41.5%로 5년 전 37.9%보다 3.6%p 증가하여, 대학졸업 이상 고학력 인구의 남녀 비중 차이는 점차 줄어들고 있다. 이러한 결과가 의미하는 것은 무엇일까? 갈수록 여성의 교육수준은 높아지고 있고, 교육받은 여성은 출산을 기피하고 있으며 여성의 취업을 방해하는 장애 요인 1순위는 '육아부담' 이라는 사실이다.

자료 09 **교육정도별(졸업기준) 여성인구**

(단위 : 천명, %)

구 분	2000			2005			증감		증감률	
	남자	여자	구성비	남자	여자	구성비	남자	여자	남자	여자
25세 이상 인구	14,037	14,768	100.0	15,216	16,077	100.0	1,178	1,310	8.4	8.9
초등학교	1,586	2,622	17.8	1,420	2,479	15.4	-165	-143	-10.4	-5.5
중학교	1,730	2,109	14.3	1,557	1,939	12.1	-173	-169	-10.0	-8.0
고등학교	5,882	5,539	37.5	6,096	5,988	37.2	214	449	3.6	8.1
대학이상	4,301	2,625	17.8	5,700	4,044	25.2	1,399	1,419	32.5	54.1
남녀비중	62.1	37.9		58.5	41.5					

＊출처 : 통계청, 〈인구주택총조사〉, 2005

여성학교

핵심 가족은 여성이다

자신의 가족사야말로 역사를 가장 잘 이해할 수 있는 현장이다.

약 3.5 세대에 이르는 우리 가족의 여성들만 살펴보아도 그러하다. 우리 증조할머니는 옛날 여자였는데도 직업이 있었다. 증조할머니는 산파였다. 일 때문에 마차를 타고 멀리 떨어진 마을까지 돌아다녔고, 한밤중에 갑자기 불려나간 적도 많았다. 때문에 두 딸은 어릴 때부터 아주 독립적이었다. 1차 세계대전이 끝나자 증조할머니는 두 딸을 데리고 베를린으로 이사했고 남편과 헤어진 후 두 딸을 가정경제학교에 보냈다. 훗날 이 두 딸은 자의식이 강한 아름다운 여성으로 자랐다.

우리 할머니는 여덟 명이 사는 대가족의 집에 보모로 들어갔다. 그리고 보수적인 기자였던 주인 남자와 눈이 맞아 임신을 했고 훗날 그와 결혼하여 베를린에 살면서 다섯 명의 자식을 낳았다. 하지만 2

차 세계대전이 끝나자 남은 건 여자들뿐이었다. 가족이 '국가의 요람'임을 끊임없이 강조한 기자였던 할아버지는 러시아 포로수용소에서 세상을 떠났다. 이들 부부가 일찍이 아들들의 학업에 힘을 쏟은 덕분에 아들들은 여성의 세계와는 먼 곳에서 교수직이나 관리직을 꿰차고 앉아 자기가 지은 책이나 여행기를 집에 있는 어머니에게 보냈다. 우리 할머니는 자기 어머니와 딸들을 데리고 베를린의 큰 저택을 지켰고 2차 세계대전 후 베를린의 복구에 열심히 동참했다. 이것은 세계사나 인구 문제와는 크게 관계없는 이야기들이다. 그럼에도 우리는 이 가족사에서 많은 것을 읽어낼 수 있다.

중요한 건 하나다. 핵심 가족은 여성이라는 사실 말이다. 남자들은 전쟁을 하고 출세를 하고, 위대한 역사와 멋진 이력과 아름다운 보모가 유혹하고 손짓할 때마다 아내와 자식을 버리고 떠난다. 남자들은 쉽게 사라진다. 심각한 경우, 그러니까 보통의 경우 여자들은 방치된다. 우리의 짧막한 가족사가 그랬다. 거대한 역사도 그랬거나 그와 비슷했다. 그리고 모든 징후가 이렇게 말하고 있다. 지금도 역시 그러하다고.

우리는 남성을 오토파일럿으로 바꾼 첫 여성 세대다

흔히 가족사는 남성이 빠진 역사이기 쉽다. 두 번의 세계대전, 경제 기적을 거치면서 우리 여자들은 혼자서도 멋지게 잘 해냈다. 비록 우리가 원했던 일은 아니었더라도 말이다. 지난 세기 수백만 독일인의 가족사는 이런 후렴구로 끝이 났다.

'남자들을 믿지 마라. 남자들은 무의미한 전쟁터로 떠나 참혹한 전장에서 값진 몸뚱이를 잃고, 한치 앞이 보이지 않는 경제 위기의 혼란 속으로 자신들의 영혼을 몰아넣어 부상을 당하며 러시아에서 굶어죽거나 폴란드에서 살인을 저지르고 군인이나 그보다 더 나쁜 것으로 고용되어, 위대한 남성의 실험이 실패로 돌아가면 총에 맞아 죽거나 떼거리로 감금당한다.'

여느 때처럼 남자들이 서로 치고받으며 서로를 말살시키던, 싸우며 서로의 품위를 깎아내리던 그 긴 시간 동안 여자들은 홀로 버텼다. 우리 할머니는 다른 여자들과 함께 폐허가 된 베를린을 청소했고 생필품을 조달했다. 그때는 대부분의 여자들이 그랬다.

이 어머니 세대의 메시지는 분명하다. 다음 전쟁이, 다음 여자가 남편을 빼앗아 가더라도 딸들을 잘 키우려면 직업이 필요하다. 남자들을 믿지 마라. 자신을 믿어라. 그리고 그 과정에서 앞으로 언급할 몇 가지 현대의 성과가 도움을 주었기에, 우리는 남자를 오토파일럿 (Autopilot, 항공기를 자동적으로 일정한 진로로 유도하는 장치)으로 바꾼 첫 여성 세대가 되었다. 여성이 남성의 조종을 기다리지 않고 오히려 그들을 자동조종장치로 바꾸어버렸다, 이제 우리는 일을 하러 나간다.

그날 이후, 수천 년 동안 가족이라는 태양계의 중심이었던 영웅은 파면당했다. 가족 시스템이 뒤흔들렸다. 그것을 한탄할 이유는 없다. 영웅들의 여명은 기한이 지났기 때문이다. 모두를 먹여 살리고 보살피며 이끄는 가부장의 주위로 여자와 아이들이 맴돌던 영웅의 가족은, 새천년이 밝으면서 우리 세상에서 완전히 멸종하고 말았다. 이제 더 이상 우리 여성들은 영웅에게 제일 큰 고기 조각을, 제일 젊은 여자를, 제일 비옥한 땅과 최고의 직책을, 최고 가치의 주식과 제일 잘 드는 칼을, 맹목적 숭배를 바치지 않는다.

시민계급의 석기시대를 살았던 우리 어머니들이 미처 몰랐던 사실을 오늘날의 여성들은 잘 알고 있기 때문이다. 영웅의 길을 걷는 영웅은 대부분 성性적 이익이나 그 밖의 이익을 위해 언제라도 우리를 배신하고 버릴 수 있다는 사실을 우리는 항상 염두에 두고 있어야 한다.

오늘은 영웅의 보호를 즐길지라도 내일이면 벌써 이혼 법정에 앉아 있을 수 있다. 오늘은 멋진 모자를 쓰고 길게 늘어진 하얀 드레스를 입은 채 다정스레 남편의 팔짱을 끼고 공원을 거닐지라도 내일이면 앞치마를 두르고 남편이 남기고 간 잔해를 치우며 자식들을 먹여 살리느라 정신이 없을지도 모른다.

낮은 출산율은 확실한 예언을 허락하지 않는다

지금 가장 우리의 관심을 끄는 세 가지도 그러하다. 우리에게는 아이들이 너무 적다. 성性의 세계는 기존과는 다르게 변화하고 있다. 또한 가족 시스템이 붕괴하고 있다. 여기에는 분명 어떤 연관성이 있는데, 이 점에 대해서 최근 많은 논란이 있어 왔다. 특히 아주 간단한 문제에서 의견의 일치를 보지 못하고 있다.

그 문제란 바로 "이 모든 것이 나쁜 일인가?"라는 것이다. 나의 대답은 "노No"이다. 이 모든 것이 나쁘다고 할 수만은 없다.

과거의 가족체제에 눈물을 보이며 작별을 고해야 할 필요는 없다. 엄마는 밥하고 아빠는 일하는 결혼 제도에 눈물을 보일 이유란 없다. 줄어드는 아이들의 숫자 역시 남자들의 주장대로 반드시 생물학적 대재앙은 아니다. 언론에서는 이 문제를 세대 전쟁의 도화선으로 이용하고 싶어하지만 아이의 수가 적다고 해서 반드시 인공 고관절과

의치와 연금에 빈틈이 생기지는 않을 것이다.

그런데도 주변에서는 출산율의 감소로 인해 모든 것이 나빠질 것이라고 떠들어댄다. 앞으로 30년만 지나면 독일 인구는 3분의 1로 줄어들 것이고 사람이 떠난 자리에는 늑대가 어슬렁거릴 것이라고 말한다. 늑대와 백 살 먹은 노인, 백 살 먹은 노인과 늑대 말고는 아무것도 남지 않을 것이라고 말이다. 또 내일의 노인은 최고의 걸음마 보조기, 노인용 지팡이와 휠체어를 서로 차지하려고 투쟁을 해야 할 테니, 지금 미리미리 체력을 키워야 한다고도 말한다. 방위력을 갖춘 노인 부대와 이 없는 할아버지들이 주역을 맡은 무시무시한 미래의 시나리오가 우리 앞에 펼쳐지곤 한다.

그러나, 이런 아마추어 인구통계학이 많은 화를 불러왔다. 특히 젊은 여성들에게 과도한 불안감을 조장하였다. 인구통계학이 비난받아 마땅한 이유는 그것이 논란의 여지가 없는 사실에서 논란의 여지가 극도로 많은 결론을 이끌어내어 마치 사실인 양 유포한다는 데 있다. 독일 여성 1인당 자녀 1.3명이라는 낮은 출산율에서 어떤 결과가 나올지 정확히 예측할 수 있는 사람은 한 명도 없다. 한 치의 오차도 없는 예언을 하기에는 함께 고려해야 할 사실들이 너무 많다. 백년 전 오늘날의 인구통계학자들과 비슷한 예언을 했던 사람이라면 두 번에 걸친 세계대전과 피임약의 발명 같은 몇 가지 사소한 일들을 함께 고려할 수는 없었을 것이다.

중요한 건 있는 그대로의 숫자가 아니다. 부양비, 경제발전, 실업율, 퇴직연령, 1일 근로시간, 또한 그보다 많은 것들, 지금 우리로서는 계산할 수 없는, 전혀 예측이 불가능한 것들 역시 중요하다. 죽음을 예상할 수 없는 살아 있는 유기체처럼, 혼자서가 아니라 서로 힘을 합쳐서만 발전하며 예상치 못한 사건 때문에 극도의 혼란에 빠질 수 있는 순수한 사실들도 중요한 것이다. 그 사실들은 누구도 예측하지 못한다.

실제로 출산율은 몇십 년 전부터 자유낙하 상태에 있다. 구舊독일 지역은 1975년부터 1985년까지 세계 최저의 출산율을 기록하였다. 지난 10년 동안 기대수명은 30년 이상 증가하였고, 전체 인구에서 젊은 층이 차지하는 비율은 급속도로 낮아지고 있으며 노인의 비율은 3배 이상 증가하였다. 그럼에도 현재의 독일은 세계 최고의 부국富國 중 하나며, 근로시간을 줄일 수 있었고 사회복지 시스템을 구축할 수 있었다. 예상했던 무서운 드라마는 펼쳐지지 않았다. 대재앙의 조짐도 없다.

오히려 재앙은 출산율이 아주 높은 지역에서 일어나고 있다. 재앙은 그곳에서 기아와 영양실조, 문맹, 유아사망 같은 이름으로 불린다. 높은 출산율이 사회 안정망을 구축한다는 우리의 추측이 진실이라면 르완다, 인도, 콩고의 사회 안전이 최고여야 한다. 이 모든 공포의 시나리오는 말도 안 되는 헛소리이다. 분명 출산율이 우리 문제를 해결하는 만능열쇠는 아니다. 우리는 또다시 과거의 우리로 돌아왔다. 남성들의 선전을 곧이곧대로 믿는 가련한 희생물로 말이다.

한국의 출산율과 인구 전망

한국의 경우도 2005년 출생아 수가 44만 명으로 1970년(100만 7천 명)의 절반수준 이하로 지속적으로 감소해 왔고, 반면 기대수명은 지속적으로 증가해 1971년 당시 62.3세였던 것이 2003년 77.5세로 증가했다.

출생아 감소와 기대수명 연장은 현재 계속 진행되고 있다. 향후 2018년 총인구 4,934만 명을 정점으로 계속 감소하여 2050년이 되면 총인구가 4,234만 3천 명(인구성장율 −1.07)으로 감소할 전망이다.

자료 10 출생아수 변화

(단위 : 천명)

구 분	1970	1980	1990	1995	2000	2002	2004	2005
총출생아수	1,007	865	659	721	637	495	476	438

＊출처 : 통계청, 〈장래인구추계결과〉, 2006

자료 11 기대수명 및 사망자수 추이

(단위 : 세, 천명)

구 분	1971	1980	1990	2000	2001	2003
기대수명 계	62.3	65.7	71.3	76.0	76.5	77.5
남 자	59.0	61.8	67.3	72.3	72.8	73.9
여 자	66.1	70.0	75.5	79.6	80.0	80.8
사망자수	238	278	249	247	243	246

＊출처 : 통계청, 〈장래인구추계결과〉, 2006

자료 12 총인구 및 인구성장률

(단위 : 천명, %)

구 분	1970	1980	1990	2000	2005	2010	2020	2030	2050
총인구	32,241	38,124	42,869	47,008	48,138	48,875	49,326	48,635	42,343
인구성장률	2.21	1.57	0.99	0.84	0.21	0.26	-0.02	-0.25	-1.07

＊인구성장률 : 전년대비 인구증가율임
＊출처 : 통계청, 〈장래인구추계결과〉, 2006

자료 13 모母의 합계출산율 추이

(단위 : 명)

구분	1970	1980	1990	2000	2005	2010	2020	2030	2050
합계출산율	4.53	2.83	1.59	1.47	1.08	1.15	1.20	1.28	1.28

＊합계출산율 : 한 여자가 가임기간(15~49세) 동안 낳을 것으로 예상되는 평균 출생아수
＊출처 : 통계청, 〈장래인구추계결과〉, 2006

　　한국의 경우 한 여성이 15세에서 49세까지 평생 동안 낳을 수 있는 자녀수인 합계출산율은 2006년 1.13명이다(보건복지부 저출산대책팀 2007. 5. 7 보도자료).

　　출산율에 있어 모母의 합계출산율을 연도별로 살펴보면 1970년 4.53명에서 2005년 1.08명으로 세계 최저의 출산율을 기록하였고, 향후 2050년에는 1.28명으로 여전히 낮은 출산율을 전망하고 있다.

　　또한, 기대수명에 있어 2005년 당시 65세 고령자의 기대여명은 18.2세로 향후 83.2세까지 살 것으로 추정된다. 성별로 65세 남자 기대여명은 15.8세로 80.8세까지, 여자는 19.9세로 84.9세까지 여

자료14 기대여명 추이

(단위 : 년)

구 분		1980	1990	1995	2000	2005
계	0세	65.7	71.3	73.5	76.0	78.6
	65세	12.9	14.5	15.4	16.6	18.2
남 자	0세	61.8	67.3	69.6	72.3	75.1
	65세	10.5	12.4	13.3	14.3	15.8
여 자	0세	70.0	75.5	77.4	79.6	81.9
	65세	15.1	16.3	17.0	18.2	19.9
차(여−남)	0세	8.2	8.2	7.8	7.3	6.8
	65세	4.6	3.9	3.7	3.9	4.1

＊출처 : 통계청, 〈2005년 생명표〉, 2006

자가 남자보다 4.1세 더 오래 사는 것으로 나타났다.

2005년 전체(0세 기준) 기대여명에 있어서는 78.6세로 5년 전(2000년) 76.0세에 비해 2.6세 증가하였고, 성별로 보면 남자 75.1세, 여자 81.9세로 여자가 남자보다 6.8세 더 기대여명이 높게 나타났다. 이러한 기대수명에 대한 결과는 향후 지속적으로 증가할 것이라고 예상해 볼 수 있다.

그리고 2007년 현재 65세 이상 노인인구는 전체 인구의 9.9%를 차지하고 있어 고령화 사회에 머물고 있으며, 2016년이 되면 노인인구(65세 이상)가 유년인구(0~14세)를 추월할 것으로 전망되고 있다. 2007년 노령화지수(65세 이상 인구/0~14세 인구)는 55.1%인데 2016

자료15 연령계층별 인구 및 노령화지수 추이

(단위 : 천명, %)

구분	1990	1997	2000	2006	2007	2010	2016	2018	2026
총인구	42,869	45,954	47,008	48,297	48,456	48,875	49,312	49,340	49,039
65세 이상	2,195	2,929	3,395	4,586	4,810	5,357	6,585	7,075	10,218
구성비	5.1	6.4	7.2	9.5	9.9	11.0	13.4	14.3	20.8
노년부양비	7.4	8.9	10.1	13.2	13.8	15.0	18.2	19.7	30.9
노령화지수	20.0	28.6	34.3	51.0	55.1	67.7	100.7	112.5	178.6
노인1명당 생산 가능 인구 (명)	13.5	11.2	9.9	7.6	7.3	6.6	5.5	5.1	3.2

＊출서 : 통계청, 《장래인구추계결과》, 2000

년이 되면 100.7%로 유년인구가 추월할 것으로 보고 있는 것이다. 또한, 2007년 생산가능인구(15~64세)가 65세 이상 인구를 어느 정도 부양하는지를 나타내는 노년부양비는 13.8%인데 이것이 2026년에는 30.9%로 생산가능인구 7.3명이 노인 1명을 부양하는 것에서 생산인구 3.2명이 노인 1명을 부양하게 될 사회가 올 것으로 예견되고 있다.

출산율 급락의 책임은
피임약에 있다

여성 1인당 자녀 1.3명은 곧 나라의 몰락을 의미할까?

잘 지어진 집들이 텅 빈 채 서 있는 국토의 동부 지역, 화려하게 새로 문을 연 온천에 온천욕을 즐기는 사람이 하나도 없고, 멋지게 확장한 고속도로에 질주하는 차가 한 대도 없는 곳, 도로 양쪽의 자동차 시장에는 번쩍이는 자동차들이 주인을 찾지 못해 하늘만 쳐다보고 있는 그곳, 그곳을 보며 여성들은 책임감을 느껴야 하는가?

무언의 호소.

'독일을 구하기 위해 애를 낳아라! 최대한 많이, 최대한 빨리!'

잡지마다 그렇게 울부짖는다. 2006년 4월 〈벨트Die Welt〉지는 자식을 갖지 않는 직장 여성들을 맹비난하는 타이틀로 포문을 열었다. 직접적인 메시지는 이것이다. "직장 여성들은 독일보다 자신들의 성공을 더 중요시한다." 〈슈피겔Der Spiegel〉지는 "아이를 낳지 않는 여성들이 '창조의 필연성'을 경멸하고 있다"고 비난하는 표지 기사를 실었다.

〈프랑크푸르터 알게마이네 차이퉁Frankfurter Allgemeine Zeitung〉의 한 편집자는 인터뷰에서 "자식 문제에서 우리가 생물학적 프로그램에 손을 댔다"고 말했다. 그런데 여기서 '우리'란 누구일까? 우리 여성들만을 지칭할 수도 있겠다. 그런 말을 통해 그가 말하고자 한 것은 무엇이었을까? 당연히 여성들이 생물학적 프로그램의 자연스러운 흐름을 방해하지 말아야 한다는 말일 것이다.

우리 중년 여성들이 저질러놓았다고 비난하는 일들(출산율 저하, 인구 감소)을 꼼짝없이 치다꺼리해야 하는 우리의 젊은 여성들이 가엾다. 너무 손을 많이 대서 생물학을 방해했던 우리. 사실은 '손을 댔다'는 말은 적절한 비유가 아닐 성 싶다.

차라리 너무 많이 삼켰다고 하는 편이 옳겠다. 우리는 매일 삼켰다. 몇 년 동안, 몇십 년 동안이나. 우리는 너무나 많은 피임약을 삼켰고 결국 여성 1명당 자녀 1.3명이 되고야 말았다. 노후 연금의 돈줄을 막아버린 책임을 물어야 할 대상이 있다면 그것은 바로 지난 수십 년 동안 우리가 모범적으로 실천했던 끈질긴 피임이다.

우리는 역할모델이 없는 세대다

오늘날 아이를 낳는다는 것은 인공수정 과정과도 흡사하다. 일단 아이를 원해야 하고 피임약들을 과감히 처분해야 한다. 병원에 가서 루프를 제거해야만 한다. 인공적으로 단절시켰던 섹스와 임신의 관계를 다시 자연 상태로 되돌려놓아야 한다. 피임이라는 인공적 상태를 임신 준비라는 자연 상태로 돌려야 한다. 우리에게 지금까지 익숙하고 정상적이었던 것들을 비정상적인 것으로 다시 바꾸어야 한다.

이것은 수많은 여성들이 힘겹게 느끼는 대목이다. 섹스를 인공적인 도움으로 결과를 생각하지 않고 순수하게 즐길 수 있는 것이 지극히 자연스러운 현상이라 생각했던 수많은 남성들 역시 힘겹기는 마찬가지이다.

우리가 어느 결에 자연스럽다고 생각하게 되어버린 이런 인공적 상태의 쾌적함을 모르는 이는 없다. 피임약이 없었다면 우리 중 아무도 지금의 이력을 갖추지 못했을 것이다. 피임약이 없었다면 나는 열일곱에 시칠리아를, 열아홉에 멕시코를 유람하지 못했을 것이다. 피임약이 없었다면 스무 살에 마음 편히 하이데거를 읽지 못했을 것이고, 직장을 구할 비전도 없는 상태에서 스물셋의 나이에 헤겔과 셸링을 편안하게 읽을 수는 없었을 것이다. 아이를 데리러 정오 12시만 되면 허겁지겁 학교를 나와 집으로 달려가야 했을 테니까 말이다.

피임약은 우리를 역사상 유일한, 도저히 비교할 수 없는 상황으로 데려다주었다. 피임약은 우리 여성의 삶을 혁신시켰다. 40대에서 50대, 이 모든 현상의 주범들인 우리는 인공 출산 제한의 자유를 마음껏 누린 첫 세대다. 우리는 여성들이 가족과 직업의 이력 중 어느 한쪽도 희생하거나 종속시키지 않고 둘 다를 누린 첫 세대 여성들이다. 우리는 역사상 어디서도 역할모델을 찾지 못한 첫 세대였고 동시에 자녀 문제에서 역사적인 침체를 남겼던 첫 세대였다.

그러므로 왜 우리는 안정된 가족이 없고 아이를 낳지 않는지, 우리가 과연 변할 수 있는지 알고 싶다면 우리의 삶을 바라봐야 한다. 아이가 너무 적은 삶이 과연 어떤 인생인가? 아이 없이 우리는 잘 살고 있는가? 우리가 아이를 낳아주지 않은 세계는 어떤 세상인가?

2장

아이 없는 세상

지금 이 세상에서
젊은 여성들에게 아이를 낳아야
한다고 말할 수 있을까?

아이 없는 세상을 우리는 너무나 잘 알고 있다. TV에서, 독일 현대문학에서, 영화에서, 사무실에서, 신문과 잡지에서, 유럽의 대도시에서…….

최근 파리의 거리에서 아이를 본 사람이 있는가? 로마에서는? 함부르크에서는? 약간 과장하자면 차라리 개를 데리고 다니는 사람이나 거지, 겨울 사료 살 돈을 구걸하는 낙타를 만나는 편이 더 쉬울 것이다.

실제로 우리가 선호하는 주거지는 아이들을 위해 만든 곳이 아니거나 아이를 키우기에 적합하지 않다. 독일 추리소설이나 유명한 인테리어 잡지에 등장하는 인간적인 주거 환경을 들여다보는 이들 중 이 근사한 인테리어에서 아이들이 살고 있을 것이라고 생각할 사람이 과연 몇이나 될까?

우리를 둘러싼 대부분은 그 누구도 아닌 우리 자신의 아이디어를 위해 고안된 것들이다. 도심, 유리 궁전, 레스토랑, 부티크, 사무실, 회의실, 부엌, 거실, 침실을 가리지 않는다. 다른 생활 영역의 분리를 주장하던 때는 이미 오래 전에 지나갔다. 여가, 유흥, 노동, 정치, 경제, 사랑을 가리지 않는다. 대부분이 똑같은, 똑같이 아이가 없는 모습이 자연스럽게 되어버렸다. 기업의 꼭대기층 회의실은 그곳에서 하루를 보내는 남자들의 거실과 거의 구분이 되지 않는다. 내가 잠옷을 구입하는 부티크는 내가 그 잠옷을 입고 자는 침실과 아주 흡사하다. 내가 지금 있는 곳이 수상 관저인지 아니면 수상의 세무사네 식당인지 확인할 수 있는 기준은 단 하나, 보디가드의 유무뿐이다. 우리의 고상한 인테리어 전체가 치과의 대기실이나 유명한 장의사의 명성을 드높이는 바로 그 우아하고 위생적인 실용성의 매력을 준다.

이 경우에 미적 판단은 완전히 부차적이다. 하얗게 칠한 벽장에 비치는 윤기 흐르는 하얀 세라믹 타일은 좋아할 수도, 싫어할 수도 있다. 대리석 싱크대는 구식 부엌을 대체할 최후의 대안일 수 있다. 완벽하게 유리로 도배를 한 베를린 포츠담 광장의 새로운 모습은 많은 이들에게 그 옛날 시장 광장의 현대식 모습으로 다가올 수 있다. 먼지 한 톨 없는 거실의 매끈한 화강암 바닥에 자부심을 느껴도 좋다.

이런 현대식 장의사 미학을 천편일률적이고 생명 적대적이며, 노이로제, 변태적이라고 볼 수도 있다. 나 역시 그렇게 생각하는 경향이 높다. 하지만 반대로 기능적이고 실용적이며 품위 있고 스타일리시하다고 말할 수도 있다. 여기서 흥미로운 점은 한 가지이다. 마음에 들어 자발적으로 이 공간들에 적응한 우리는 과연 누구인가?

왜 우리가 아이 없는 사회에서 살고 있는지 알려면 우리가 거리낌 없이 자발적으로 우리 마음에 들게, 우리의 정신적 욕구에 부합하게 만들어놓은 세상을 정확하게 들여다보아야 한다. 우리가 만든 세상은 우연히 가족 정책의 나사 몇 개가 잘못 조여졌기 때문이 아니라, 우리가 지금의 우리였기 때문에 나온 결과이다. 우리가 지금의 우리처럼 살고 있기 때문에 말이다.

우리가 더 이상 아이를 낳아주지 않는 이 세상을 조금 더 자세히 들여다보면, 이 유리궁전 세상의 중앙에 앉아서 젊은 여성들에게 다시 자연의 목소리에 귀를 기울이라고 가르치는 것이 얼마나 어처구니없고 얼마나 가식적인 일인가를 누구나 깨닫게 될 것이다.

여성학교

아이를 거부한 우리 세대의 유년기는 육체와 영혼의 불균형기였다

우리의 인생 역정에서 자연은 없는 것이나 마찬가지였다. 그건 우리의 공도 우리의 죄도 아니다. 확실한 건 자연과의 단절도 우리 세대에서 탁월한 성과를 보였다는 사실이다.

현재 40대, 50대가 된 출산을 거부했던 우리 세대는 어린 시절 놀이터보다 TV 앞에서 더 많은 시간을 보낸 첫 세대이다. 우리는 지식 전달의 기술화, 세분화, 합리화를 학교에서 시험한 첫 세대이다. 우리는 언어를 배우기 위해 어학실로 보내진 첫 세대이다. 최대한 폭넓은 교양의 인문학적 이상을 상당 부분 포기하고 조기 전문화에 매진하여 과목별 수업방식을 시험한 첫 세대이다. 학교 공부 시간에 컴퓨터를 프로그래밍하고 사용설명서를 분석하며 보낸 첫 세대이다.

소위 교육 재앙은 우리 다음 세대에야 찾아왔다. 그리고 멍청한 공부벌레들을 위한 학교는 다행히 우리보다 훨씬 뒤의 일이었다. 우

여
성
학
교

리는 국가의 지원을 받은 최초의 교육 좀비들이었다.

신속하고 실용적인 학습 결과를 목표로 삼았던 우리의 학교 교육에서 감각적 직관과 직접 체험, 배운 내용의 보다 폭넓은 이해, 다른 지식 분야와 연계된 학습은 특히나 심한 홀대를 받았다. 그 이유는 우리가 현대에 적응하려는 이 교육학적 노력의 실험동물이었고, 무엇이든 첫 실험은 특별히 철저하기 마련이기 때문이었다. 전인교육의 낡은 이상은 시대에 뒤떨어진 원칙(설명하라, 잊어버릴 것이다. 보여주어라, 기억할 것이다. 직접 하게 하라, 이해할 것이다)과 더불어 소위 신속하고 효율적이며 결과지향적이고 이윤지향적인 학습 훈련을 위해 문화사의 헛간으로 쫓겨나버렸다. 우리의 유년기 사회에서는 무엇이든 최대한 머리, 가슴, 손으로 해봐야 한다는 지극히 단순한 깨달음이 직접적 이익을 약속하지 않는 모든 다른 교육 이상과 마찬가지로 무시당했다.

미국 드라마 시리즈에 빠져 TV 앞에서 보낸 시간들과 전자제품의 사용설명서를 해독하느라 책상 앞에서 보낸 그 많은 시간을 보상할 만한 신체 활동은 극히 미미했다. 우리의 숫자는 많았고 거실은 작았으며 사람들은 지금처럼 돈이 많지 않았다. 베이비붐의 정점에서 놀이터는 초라하기 그지없었다. 아이들이 신나게 뛰어놀 오후 1시에서 3시까지, 우리는 노인들과 전쟁 과부들이 방해받지 않고 쉴 수 있도록 살림살이로 미어터지는 좁다란 방안에 갇혀 있어야 했다.

오늘날 아이들의 건강한 발달을 위해 꼭 필요하다고 알려져 있는 '체험 공간'이 당시에는 독일 대도시 어디에도 없었다. 그 체험공간을 요구할 교육학은 아직 그 누구의 관심사도 아니었다. 있는 것이라고는 대형주차장뿐이었다. 우리는 그곳에 주차된 아버지들의 회사차 사이를 이리저리 배회하였다.

그 당시 우리 주변에는 경제 기적과 억압된 과거의 정신적 부담 때문에 무너지거나 체념한 채 혼자 흔들리는 명예가 있었다. 너무나 과중한 부담과 과로에 시달리는 아버지들이 있었다. 그리고 신생 산업사회의 획일화 압력에 신음하는, 쉴 새 없이 걸레질하고 빨래하고 청소해야 하는 우리의 신경질쟁이 주부인 어머니들이 있었다.

물론 당시에도 행복한 예외는 있었다. 시대정신에 역행하는 가족들이 있었다. 그럼에도 성인이 되어 출산을 거부한 우리 세대의 유년기는 전반적으로 신체와 정신, 영혼의 불균형 상태에 있었다. 전후 시대였기에 빌헬름주의(빌헬름 2세 시대의 군국주의적, 전체주의적 경향)와 파시즘의 탓으로 돌렸던 권위적 특성에 대해서는 많은 이야기들을 했다. 하지만 어린 시절 경제 기적의 주인공으로, 독일의 주차장을 배회하였고 따분할 땐 미국 드라마 시리즈로 시간을 때웠으며 훗날 성인이 되어서는 나라를 인구학적 위기로 몰아넣게 될 예술적 특성에게는 아무도 관심을 기울이지 않았다. 대부분의 사람들이 이미 이런 새로운 비정상성을 점차 정상으로 받아들였던 것이다.

우리 세대가 낳은 여성 작가, 유딧 쿠카르트Judith Kuckart는 우리 존재의 비자연성을 바라보는 사람들의 이런 당연한 시선을 우리 유년기를 다룬 한 소설에서 간단한 공식으로 정리한 바 있다. "다들 그렇게 살았다."

부모들도 아이들도 똑같았다. 왼쪽 이웃도 오른쪽 이웃도 마찬가지였다. 아무도 협소함과 부족한 감각적 체험과 신체 적대적 환경에 관심을 보이지 않았다. 감정과 지성, 신체가 제각각의 길을 걸었던 것 같다. 그 사이 우리 세대들이 가장 편하다고 느끼게 된 납골당 같은 고상한 주거환경에 이르기까지, 크게 다르지 않았다.

그럼에도 우리 세대는 역사상 유례없는 복지를 누렸다

우리는 정말로 잘 산 첫 세대였다. 매일 생선을 먹었고 해마다 피서를 갔으며 저녁마다 뜨거운 물로 샤워를 하고 몇 해에 한 번씩은 자전거를 바꾸었다. 아프면 양호 교사의 보살핌을 받았고 예방 주사를 맞았으며 깨끗하고 따뜻한 옷을 입었고 심지어 팬티까지 다림질을 해서 입었다. 우리는 조금도 궁핍하지 않았다. 우리는 산업사회 복지의 혜택을 제대로 누린 첫 세대였기 때문이다. 처음부터 지금까지 우리는 역사적으로 유례가 없는 신체적 안락을(매일 신선한 과일과 야채를 먹고 매일 아침 따뜻한 물로 샤워를 하며 일 년에 두세 번 휴가를 떠난다) 누렸다.

피임약과 루프는 성생활의 긴장을 풀어주었고 다양한 성에 대한 실험을 가능하도록 만들어주었다. 우리에게 아이가 없는 시간을 선사하였고 우리는 그 시간을 세계 여행, 직업 찾기, 연애, 자아 탐구

혹은 학업에 이용할 수 있었다. 우리 할머니가 벌써 애 셋을 둔 나이에 나는 일 년 내내 스테판 말라르메(Stephane Mallarme, 프랑스의 상징파 시인)의 시적인 산문을 분석하며 보냈다. 그 시기가 최고의 가임기였고, 아빠 노릇 하기에 충분한 한 남자와 동거하고 있었는데도 말이다. 오늘날 남성 인구통계학자들이 그런 우리를 목격했다면 아마 놀라 말문이 턱 막혔을 것이다.

그들의 생각이 옳을까? 독일 사회에는 출산을 가임기 최후의 일각까지 미루지 말고 가능하면 대학에 입학하기 전, 그도 안 되면 대학교에 다니면서 얼른 해치워버리라는 압력이 거세졌다. 일찍 아이를 낳아버리면 나중에 온 힘을 다해 경제생활에 전념할 수 있을 것이라고 말이다. 왜 나는 우리 할머니가 할 수 있었던 일을 할 수 없었을까? 왜 나는 스물에서 스물여섯 사이에 적어도 세 아이를 낳을 수 없었을까?

나는 할머니와 무엇인가가 달랐다. 나는 최고의 가임기에 아버지에게 용돈을 받아 생활했다. 독일 공영극장의 별볼일 없는 연출가였던 나의 파트너는 실업급여로 생활했다. 그런 처지에서 물주들에게 우리 아이까지 책임지라고 해야 하는가? 우리는(그리고 비슷한 처지였던 우리 세대의 수십만 대학생들은) 그것이 부당하다고 생각했다.

당시의 대도시 생활은 지금과 달리 돈이 많이 들지 않았다. 당시만 해도 프랑크푸르트 도심에서 월세 320마르크만 내면 벽난로가 붙은 방 세 개짜리 동화 같은 집에서 살 수 있었다. 요즘에는 제법 괜찮다 싶은 집은 900유로 이하로는 꿈도 꾸지 못한다. 우리 옆집에는 아이 있는 부부가 살았는데 그 집 아빠는 툭하면 술에 취해 대문 앞에서 잠이 들었다. 우리 아래층 가족은 더욱 충격적인 일을 당했다. 그 집의 큰 갈색 눈을 가진 창백한 소년이(몇 년 후 신문에서 읽었다) 어느 날 캠핑카를 자기한테 넘겨주지 않는다는 이유로 친엄마, 계부, 기술자 한 사람, 기자 한 사람을 칼로 난도질해 버린 것이다. 우리 주위에는 이렇듯 행복한 가족 모델이 드물었다.

우리가 살던 건물에 아이 있는 가족은 단 한 가족뿐이었다. 아이의 부모는 일자리를 잃은 교사와 그의 태국 여자친구였다. 그녀는 우리처럼 철학 공부를 하지 않고, 벼룩시장에서 낡은 탁자와 장롱을 파는 독일 남자친구를 도왔다. 우리라면 절대 받아들이지 못할 삶이었다. 우리 주변에는, 박사과정 수업시간이나 극장 매점, 내가 처음으로 기자 생활을 했던 TV 편집국에는 아무리 둘러봐도 젊은 부모가 없었다.

몇 가지의 황당한 로빈슨 크루소 식 환상(아이는 박스 안에서도 잠잘 수 있고, 아이의 우주복은 중고품 가게에서 사고 유모차는 어차피 아이를 불행하게 만드니까 없어도 된다는 식의 자기편의주의적으로 생각함)과 결합하여 잠깐씩 확산되던 출산의 소망은 언제나 급하게 식어버렸다. 아이들이 많은 곳은 도로 건너편, 자정 직전까지 비명 소리와 터키음악이 창문 밖으로 흘러나오던 다 허물어져가는 건물들에만 있었다. 우리에겐 아이가 존재하지 않았다. 여기서도 또 그 위대하고 빈틈없는 "다들 그렇게 살았다"였다.

우리는 아이가 없는 시간에
무엇을 했을까?

우리의 삶은 우리 할머니들과 비교할 때 장점들이 엄청나게 많다. 가장 큰 장점은 시간이다. 우리는 우리 자신만을 위해 쓸 수 있는 시간이 엄청나게 많았다. 어떻게 우리는 서른, 마흔이 될 때까지, 심지어는 일생 동안 아이가 없이 살았을까? 아이가 없기 때문에 생긴 이 엄청난 시간에 무엇을 했을까? 길 건너의 터키 여자들이 주렁주렁 딸린 아이들을 키울 동안 우리는 대체 무엇을 했단 말인가?

분명한 건 우리는 단 한 번도 시간이 많다고 느낀 적이 없다는 사실이다. 화가 날 이야기일 수도 있겠지만 사실 놀라운 일도 아니다. 시간 계좌, 시간 사용, 시간 부족, 시간 과잉은 객관적 측정 도구로 확정지을 수 있는 것이 아니다. 누구나 다른 시계에 맞춰 살고 있고, 누구에게나 하루는 다른 단위이며, 우리 모두는 하루를 기한감각이 없어지도록 운영하는 경향이 있다. 이런 작전의 결과를 사람들은 일상이라 부른다.

몇 년 동안 나의 특별한 일상은 지성인 퇴직자 부부의 전형적인 모습이었다. 그리고 그 점에서 분명 나는 혼자가 아니었다. 원래는 자연이 부모노릇을 예정해 둔 시절이었지만 나는 제약회사의 도움으로 그 기간을 넉넉한 학업 시간으로 변화시킬 수 있었다.

나의 하루하루는 특별할 것이 없었다. 나는 에베레스트 산에 오르고, 자전거를 이용해 중국 대륙을 일주하고, 슈피츠베르겐 군도群島 앞바다에서 물개를 보호하거나 캐나다 숲속에서 길 잃은 갈색 곰 아기를 포획하는 데 사용한 게 아니었다. 내가 특별한 인생 실험에 시간을 투자할 수 있는 특권을 누리고 있다는 느낌도 전혀 없었다.

오히려 그 반대였다. 우리는 늦도록 잠을 잤다. 밤에 늦게까지 책을 읽고 토론했기 때문이다. 아침식사 역시 책을 읽으며 침대에서 해결했다. 그런 다음 세미나에 참석했다. 저녁이면 집 주변을 산책했고 방바닥에 쪼그리고 앉아 TV 뉴스를 보면서(예술과 문학, 연극 말고는 아무것에도 관심이 없었기에) 슈퍼마켓에서 싸게 산 빵 몇 조각을 뜯어 먹었다(이 점에서 우리는 루콜라 샐러드의 드레싱 종류에도 관심이 많은 우리의 팝지성적 후배들과 달랐다). 밤에는 리포트를 썼고 국영극장에서 인정을 못 받은 나의 남자친구는 옆에서 그의 보물 1호인 책을 정리했다. 자정이 넘어 맞은편 건물도 조용해지면 읽은 것과 쓴 것과 생각한 것과 들은 것을 다시 한 번 처음부터 끝까지 토론하였다. 토론은 동이 틀 무렵까지 이어졌다.

외부 세계, 직장 동료, 가족, 친구, 친척, 이웃의 활기찬 네트워크

와는 별로 교류가 없었다. 우리는 우리 옆의 수많은 사람들과 같은 부류였다. 고도로 전문화된, 생활과는 거리가 멀며 사회화가 덜 되었고 일상생활에는 아무짝에도 쓸모가 없는 지성적인 우주 캡슐이었다. 그 시절엔 손수 끓인 야채수프조차 아주 드문 모험이었고 망가진 의자의 수리마저 너무 과도한 요구였다. 이런 상황에 우리의 대화 내용에 전혀 끼지 못하며, 도달할 수 없는 또 하나의 세상인 것 같았던 아이들은 대책 없이 과중한 부담이었을 것이다. 사소한 가사 일조차 부담이 되었으니 나머지는 말할 필요가 없었다.

요즘 자식을 두지 않는 지성인 커플의 이기주의가 도마에 자주 오른다. 그들은 조금의 불편도 감수하지 않으려 하고, 나누는 법을 잊어버렸으며 몰디브 여행과 2인승 자가용, 그 비슷한 잡동사니들을 못 누릴까봐 벌벌 떤다고 말이다. 하지만 나는 최고의 가임기를 기형적으로 보낸 나의 대학생활이 이기적이었다고는 절대로 생각하지 않는다. 오히려 경제적 종속, 어린아이 수준의 부양 요구(국영극장이 날 원하지 않으면 국가가 날 책임져야 한다. 내가 헤겔을 공부할 동안 아버지가 날 먹여 살려야 한다……), 일상생활의 무능력 등으로 볼 때 사회적 격리 병동에서나 볼 수 있을 법한 무어라 딱 꼬집어 정의할 수 없는 시간들이었다고 보는 편이 옳다.

우리에게 화가 난 사람들이 이렇게 말할 수도 있을 것이다. 우리는 최초의 교육 좀비들이었을 뿐 아니라 최초의 연구 좀비, 문화 좀비, 예술 좀비, 매체 좀비이기도 했다고.

우리는 지적 자유의
사치를 누렸다

　그런 식의 자책을 할 때 우리가 미처 생각지 못하는 것은 그런 광범위한 좀비생활 덕에 누렸던 자유이다. 우리는 조기 퇴직자나 피터팬증후군에 걸린 사람들처럼 살았음은 물론이고 물질적으로 빈약했을지언정 사회적으로는 전혀 구속받지 않았던 이런 상태의 이점들도 모조리 누렸다.

　나는 아이를 어린이집에 맡겨놓은 얼마 안 되는 오전 시간 동안 효율성을 따지며 허겁지겁 생존에 필요한 자격증을 따거나 시험을 보기 위해 공부하지 않아도 되었다. 또 남 보기에 너무나 괴상하고 아무짝에도 쓸모없는 매우 사적이며 지적인 관심사에 얼마든지 시간과 노력을 투자해도 좋았다. 루드비히 비트겐슈타인(Ludwig Josef Johann Wittgenstein, 오스트리아 출신의 철학자)과 롤랑 바르트(Roland Barthes, 프랑스의 작가), 프리드리히 니체(Friedrich Wilhelm Nietzsche, 독일의 시인, 철학자), 프리드리히 슐레겔(Friedrich von Schlegel, 독일의 시인 이자 철학자), 프란츠 몬(Franz Mon, 독일의 작가), 프란츠 카프카(Franz Kafka, 체코의 소설가)를 실컷 공부해도, 어느 누구 하나 그건 배워 어디에다 쓸 거냐고, 갓난아기를 비싼 돈 주고 남의 손에 맡겨놓은 값을 제대로 하고 있느냐고 묻지 않았다.

효율성과 이익을 추구하며 모든 사회적, 지성적, 예술적 사치가 정지해 버린 오늘날의 사람들은 이윤 추구가 정지된 삶의 지대에 대해 쉽사리 분노할 수 있고, 산더미 같은 빚과 연금 재앙 등을 겪으면서 인생의 그런 부분들은 불필요하다고 생각할 수도 있다.

하지만 반대 모델, 적어도 두 아이를 기르며 학부모의 밤이나 참관수업에 참석하고 주말마다 놀이터에서 애들과 놀아주고 밤이 되면 아이들에게 동화책을 읽어주면서 아침 9시에서 오후 4시까지 꽉 짜인 공부 계획표에 완전히 자신을 가두는 부모, 철저하게 직업 지향적인 신속 학업 모델도 해결책은 될 수 없다.

왜 우리의 삶에는 아이들이
어울리지 않을까?

우리는 어디에서 어떻게 살고 있으며, 왜 이 삶에는 아이들이 어울리지 않을까?

독일의 인구학적 몰락의 주책임자인 우리는 어린 시절부터 신체와 정신, 영혼의 활동이 특이할 정도로 불균형을 이룬 상황에서 살고 있다. 우리는 학교 교육과 아동기 여가 활용에서 좀비스러운 일면성을 경험했다. 우리는 너무 적게 뛰어놀았고, 너무 많이 TV를 봤으며, 세상을 자유롭게 탐구할 수 없었고, 너무 많이 솎아낸 인간관계망에서 성장했다. 또 다른 가족과의 접촉이 적었고, 아직도 직접 자기 손으로 뭔가를 제작할 수 있는 사람을 많이 알지 못했기에 늘 기계와 완제품, 자판기에 의존하였고 동물과 사람의 탄생과 죽음 같은 자연스러운 사건들과는 전혀 관계를 맺지 않았다.

우리의 세상은 대체로 정적이었고, 대부분 시간을 초월한 것들로

채워졌다. 산업 대량생산의 첫 세대인 우리가 가지고 놀았던 장난감들은 씻을 수도 있는 반영구적인 재질로 만들어졌다. 우리가 더불어 살았던 TV 드라마 주인공들은 늙지도, 죽지도 않았다. 그들은 아이를 낳지 않았고, 그들이 이미 낳은 아이들은 납골당처럼 깨끗한 거실에서 마치 마법의 손이 씻겨놓은 듯 거실 못지않은 깨끗함을 유지했다. 우리의 삶에서 유한성의 낙인은 거의 지워져버렸다.

우리에게 부족했던 건 연관성이었다. 학교에선 배운 것들의 연관성이, 우리가 처한 역사적 상황의 연관성이, 사회 관계망의 연관성이 부족했고, 심지어 생로병사의 연관성조차 부족했다. 요즘 흔한 화법보다 약간 더 우아한 표현을 사용해 본다면, 우리에겐 활기가 부족했다. 그리고 그것은 지금도 여전하다.

이런 생활과 지식이 연관성 없음의 주범을 찾아내려는 노력은 무익하다. 우리의 조부모와 부모들은 자기 이력의 연관성을 빼앗겨버렸다. 인생역정은 가치가 떨어졌고 아버지들의 명예는 추락했으며 남자 형제들은 헛되이 전사했고 전통적인 것은 효력을 잃었다. 이런 역사적 단절, 이력의 단절 속에서 독일의 경제 기적은 미국의 모델에 따라 온갖 영적, 정신적 부작용을 동반한 채 수많은 위기를 겪고도 지금까지 흔들림 없는 독단으로 진행되었다.

우리는 이 경제 기적의 덕을 많이 보았다. 우리의 자유, 우리의 복지, 우리의 즐거움, 우리의 교육이 그 덕이었고, 아마 곧 닥칠 우리의 멸종 역시 그러할 것이다.

하필이면 성공 좀비들이 최초의
자연으로 돌아가자고 하는가

독일 중산층 남성의 하루 일과는 어떤 모습일까?

부당할 정도로 일반화시키는 질문이기는 하지만 직장생활과 소비생활이 광범위하게 규격화된 상황에서 전혀 대답을 할 수 없는 질문은 아닐 터이다. 그는 휴대전화의 부드러운 알람소리에 잠에서 깨어 샤워를 하고 에스프레소 기계를 작동시킨다. 양복을 입고 휴대전화 마이크로폰을 귀에 장착하고 노트북을 챙겨 들고 휴대전화와 서류를 검은 가죽의 서류가방에 챙겨넣고 전날 밤 미리 불러놓은 택시에 올라 공항으로 향한다. 늦은 가을이지만 외투는 집에 두고 왔다. 퇴근할 때까지 그가 건물 밖에서 걸을 일은 기껏해야 열 걸음, 고작해야 열다섯 걸음 정도밖에는 안 될 테니까 말이다. 공항에 도착하자 자판기에서 전자티켓을 뽑아 게이트로 향한다. 통로를 지나 자기 좌석을 찾아 앉았고 프랑크푸르트까지 비행시간은 약 45분이 걸린다. 프랑크푸르트 공항은 하루 일과 중 가장 많이 걸어야 하는 구간이다. 시티 셔틀까지 족히 15분을 걷는다.

거기서부터는 그 옛날 유모차를 타고 다니던 시절과 다를 게 없다. 우리 주인공의 남은 일과는 세상과 격리된 채 보호를 받으며 아무런 방해 없이 굴러간다. 셔틀에서 택시로, 택시에서 엘리베이터로, 엘리베이터에서 미팅 장소로, 미팅 장소에서 택시를 타고 식당으로, 식당에서 택시를 타고 셔틀로, 셔틀에서 유감스럽게도 다시 걸어서 통로로, 통로에서 비행기로, 비행기에서 통로로, 택시로, 양복과 휴대 전화 마이크로폰을 벗고 TV를 켜고 냉동식품을 전자레인지에 데워 맥주 한 잔 곁들이며 저녁 시간을 보낸다. 늘 똑같다.

소위 현대인의 본성이 엿보이는 현상이다. 많은 남자들이 격렬하게 비난하고 있는 그 본성 말이다. 하지만 비난의 대상은 자기 자신이 아니라 원래의 생활방식에서 그들만큼이나 멀리 떨어져버린 그들의 젊은 여성 파트너들이다.

인간은 진화가 만들어낸 동물 중 가장 적응력이 뛰어나다. 인간은 동굴과 원시림에서도, 사무실 빌딩과 스포츠카 안에서만큼 튼튼하게 생존한다. 노루구이는 노루를 직접 사냥해서 먹어도, 냉동고에서 꺼내 데워 먹기만 해도 똑같이 배가 부르다. 하루 15시간씩 사바나에서 이동을 할 수도 있고 하루 15시간을 모니터 앞에서 보낼 수도 있다. 노루를 잡기 위한 덫을 만들 때도, 노화방지 크림의 광고 전략을 구상할 때도 똑같이 자신이 가진 재능을 멋지게 활용한다. 그물을 기워서도, 텔레비전 야간 프로그램을 제작해서도 생활비를 벌 수 있다.

동물 뼈를 깎아 만든 목걸이를 선물해도, 벤츠에 태워 드라이브를 시켜주어도 여자의 점수를 얻을 수 있다. 그렇게 영원히 진보의 사다리를 오른다.

인간의 본성에 대해 이야기할 거리가 있다면 그 본성이라는 것이 사실은 '인간에게는 본성이 없다' 는 것이다. 어처구니없는 소리 같지만 이것은 엄연한 사실이다. 그렇다면 왜 소위 그 절대 양도할 수 없다는 본성에 하필이면 출산이 포함되어야 한단 말인가?

지금 이 순간 갑자기 섬뜩한 기분이 든 사람들은 이상하게도 제3의, 제4의, 혹은 제5의 자연에서 극도로 편안하게 살았던 바로 그 사람들이다. 출판기관지 판매로 돈을 버는 사람들, 완곡하게 표현하여 산업사회의 이익에 결코 걸림돌이 되지 않는 사람들. 억만장자 대중매체가 소소한 부분까지 다 짜놓은 시청자 양식을 그저 채워 넣기만 하며 돈을 버는 사람들, 그들은 돈 많은 사회학 교수들이며, 사람들의 존경을 받는 연로한 문예란 집필자들이다. 한 마디로 그들은 '초록'을 외치는 근본주의자들이 아니다. 그린피스Greenpeace나 마더어쓰파Mother-Earth-Sect가 아니다. 원래의 자연으로 돌아가자고 외치는 자들은 바로 성공좀비, 그 자신들이다.

그들은 물론 그런 호소에 부응하는 마지막 주자들이기도 하다. 기껏해야 아내와 딸들의 추종을 기대할 뿐이다. 글로 적은 이상과 몸으로 경험한 현실의 건널 수 없는 간극은 그들의 호소와 외침을 믿을 수 없도록 만든다. 왜 자식들을 버렸던 아버지들이 우리에게 가족의 생존력을 과찬하는 걸까? 왜 하루 종일 TV 스튜디오에서 일하는 어머니들이 갑자기 가족의 탄생을 유일하게 보람 있는 여성의 소명이라고 말하는 걸까? 인간의 존엄성을 철저한 계산 하에 경멸하던 대중 잡지들이 어떻게 인간 본성의 이름으로 출산을 장려하겠다는 아이디어를 내는 걸까? 모두들 사는 게 너무 따분해졌을까? 그런 걱정은 할 필요가 없다. 보아하니 다들 제각기 만들어놓은 세상에서 행복해 한다. 다만 이 세상에서 날이 갈수록 아이가 줄고 날이 갈수록 이혼이 늘어나고 있다는 고통스러운 결점만 제외한다면 말이다.

우리는 해결될 수 없는 모순 속에 살고 있다. 우리는 낙원에 앉아 있지만 유감스럽게도 낙원의 문은 수요의 부족으로 이제 닫힐 것이다. 정말 탈출구라고는 없는 이런 상황에서 제일 똑똑한 인재들이 아이디어를 냈다. 두 가지를 가져야 한다고 말이다. 한 줌의 여성적 원시성으로 양념을 한, 고도로 산업화되어 화려한 남성적 후기 현대, 그것을 창조하자고 말이다.

우리는 결코 원시종족의
행복을 모른다

인간의 원래 본성, 영원한 법칙, 자연적 순환을 들먹이는 것이 뭐가 잘못되었단 말인가? 그런데 인간의 본성이란 게 있기는 할까? 아니면 장 자크 루소Jean Jacques Rousseau나 체조의 아버지 얀Friedrich Ludwig Jahn이 만들어낸 창작품인가? 누가 가르쳐주지 않아도 알아서 제대로 살 줄 알았던, 자연의 리듬과 자신의 정신 및 신체의 욕구와 조화를 이루며 살았다는 고귀한 야만인은 정말로 존재했을까? 행복하게 자라고 때가 되면 안정되게 짝을 지어 아이를 낳고, 평화롭게 늙어가다가 충만한 마음으로 죽을 수 있는 종족이 있을까?

그들에 관한 믿을 만한 자료는 없다. 하지만 소위 행복한 원시종족을 다룬 산발적인 보고들은 존재한다. 미국의 학자 진 리들로프Jean liedloff는 베네수엘라 정글에서 문명과 접촉한 적이 없는 예콰나Ye' Kwana 인디언을 만났는데 그들은 불행 자체를 몰랐다고 한다. 그녀의 말이 사실인지, 아니면 우리와는 다른 그들의 불행의 신호를 그녀가 알아차리지 못한 건 아닌지 그건 알 수 없다. 어쨌든 리들로프는 예콰나 인디언이 진화에 걸맞는, 완전히 조화로운 삶을 발견했노라고 확신했다.

예콰나 족의 비밀은 인생의 각 단계마다 그 단계의 욕망을 완벽하게 충족시키는 것, 아무것도 미루지 않고 아무것도 포기하지 않는 데 있는 것이라고 리들로프는 믿었다. 이런 방식으로 충족된 소망은 다음 소망에 자리를 내어주기 때문에 불만이나 자꾸만 변하는 대리 만족의 헛된 노력이 들어설 여지가 없다. 놀고 싶은 욕망이 충족되면 곧이어 일하고 싶은 욕망이 그 자리로 밀고 들어온다. 짝을 찾고 싶은 욕망이 충족되고 나면 이제 아이를 낳고 싶은 욕망이 자라난다. 아이를 키우고 자신의 계획을 실현하고 싶은 성인의 욕망이 다시 만족되고 나면 자식들의 뒤를 밀어주며 세상사를 평화롭게 지켜보고 싶은 욕망이 고개를 내민다. 이 마지막 욕망마저 충족되고 나면 쉬고 싶은, 알고 싶지도 듣고 싶지도 않다는 욕망만이 남는다.

욕망의 사슬을 통해 사람들에게 깊은 만족을 주는 행복한 인생 역정의 전제조건은 각 단계의 그 어떤 필수 욕망도 충족되지 못한 채 남아 있어서는 안 된다는 것이다. 충족된 욕망만이 진정한, 다시 말해 연령에 맞는 새로운 욕망에 자리를 물려줄 수 있기 때문이다. 그렇게 되면 남을 부러워하거나 젊어지고 싶거나 얼른 어른이 되고 싶은 마음이 전혀 생기지 않는다.

다행히 이런 연구 결과의 타당성에 의혹을 품을 만한 근거들이 많이 있다. 소망이 정말로 이루어졌는지 어떻게 확인할 것이며, 진정한 욕망과 대리 욕망을 어떻게 구별할 수 있단 말인가? 예콰나 인디언의 속마음을 들여다보고 인디언 말의 모든 뉘앙스를 파악할 수 있는 서구 학자가 과연 몇이나 될 것인가? 하지만 그런 우려에도 불구하고 리들로프는 자신의 관찰이 정확하며 자신의 인식을 상태가 안 좋은 문명인들에게도 적용할 수 있다고 주장했다. 그 말이 정말 사실이라면 우리는 어떻게 해야 하나?

우리가 건드린 자연의
순환 과정은 돌이킬 수 없다

셔틀버스를 타고 이동하는 그 신사와 비행기와 미팅, 사무실과 TV 사이를 오가며 보낸 그의 12시간의 일과를 다시 한번 살펴보자. 좀 철없는 소리 같기는 하지만 인간의 모든 신체 부위는 자연이 정해준 용도(이는 음식물을 씹고, 다리는 걷고, 자궁은 아이를 품고, 가슴은 젖을 먹이고, 손은 잡고 던지고 붙든다)가 있다는 전제에서 출발할 경우, 이 신사는 기형적인 생활을 하고 있다고밖에 말할 수가 없다. 헬스클럽과 사무실, 극장, 커피숍을 오가는 그의 여자친구 역시 그에 비하면 그나마 좀더 변화무쌍하지만 자연이 정한 신체 부위의 활용이라는 측면에서 보면 비슷한 수준의 한심한 생활을 하고 있다고 말할 수 있다.

물론 그게 나쁘다는 말은 아니다. 우리가 기르는 양도 오래전에 지나간 진화의 한 단계에서 용도를 잃어버린 꼬리를 아직도 매달고 있으니 말이다. 하지만 구식 진화 장비의 대부분을 정성껏 손질하고 멋지게 옷을 입히고 아프면 치료도 잘 해주면서 그 밖에는 전혀 이용할 생각이 없다면 도대체 이게 뭐 하는 짓이란 말인가?

물론 자연이 정해준 용도에 맞는 삶을 살아야 할 도덕적 의무는 없다. 하지만 이 생에서 더 이상 아이가 들어설 자리가 없다면 우리는 과연 어떤 삶을 살고 있는가? 이런 의문을 떠올릴 경우 자연이 정한 기본 규정과의 거리는 매우 중요한 역할을 한다.

나는 때때로 오래 전에 죽은 우리 조상들이 부활하여 우리가 사는 꼴을 하루 동안 지켜본다면 그들의 눈에 비친 우리 모습이 어떨지 상상해 본다. 아마도 그들은 우리 겉모습을 보고 우리가 만성질환에 시달린다고 생각할 것이다. 또 어쩌면 최소의 운동 코드로 최대의 결과를 끌어내야 하는 강제 노역에 시달리는 사람들이라고 생각할 수도 있을 것이다. 화려한 옷감도, 강렬한 색상도, 매력적인 냄새도, 자연과 기계의 소리가 어우러진 콘서트도 없는 세상에서 특징 있는 제스처도, 의미를 담은 다양한 표정도, 신체언어도 없이 몽유병 환자처럼 걸어다니는 사람들처럼 보일 테니까 말이다. 우리가 새 울음소리를 구분할 줄 모르고, 나무와 덤불의 이름을 모르며 별자리를 읽을 수 없고, 내일의 날씨를 예측하지 못하고, 뜀박질을 하지도, 나무에 올라가지도 못한다는 소리를 들으면 아마 놀라 까무러칠 것이다.

물론 이런 재주들이 훌륭한 부모가 되는 필수조건은 아니다. 만일 그렇다면 우리의 멸종은 당연한 것이 될 것이다. 하지만 원래의 생활환경과 거의 완전히 담을 쌓았고 엄청나게 빈약해진 감각적 경험이 수억 만 년을 이어온, 아니 불과 몇 세대 전까지만 해도 꽤 괜찮게 활용되던 우리의 번식 충동에 아무런 영향을 미치지 않을 수는 없는 것이다.

현대 산업사회 탓에 생명력 넘치는 인간의 원초적 욕구가 인간 종에 걸맞는 만족을 찾지 못하고 영원히 충족되지 못하기에, 영원히 경제성장을 촉진시키는 대리 동경으로 우회하였다는 주장은 과거에는 좌파 문화비평, 요즘엔 우파 문화비평에서 빠지지 않는 단골 메뉴가 되었다.

이런 존경할 만한 주장의 증거들은 도처에서 목격되고 있다. 동전을 넣으면 움직이는 장난감 말이 마구간의 조랑말을 대신한다. TV의 가족 드라마는 우리가 직접 체험할 현실을 대체한다. 돈을 주고 산 간병인이나 베이비시터의 노동력이 가족의 노동력을 대신하며 사랑하는 여인에게 불러주던 세레나데는 네 개의 스피커를 통해 카오디오Car Audio가 대신 불러댄다. 결혼식 축하연은 캠핀스키(Kempinski, 독일의 세계적인 호텔과 리조트 업체)에서 돈을 주고 산다. 사람들은 옥수수밭 대신 러닝머신 위를 달린다. 세상을 탐구하는 대신 최고의 경험 밀도를 추구하는 패키지여행 상품에 예약하는 것으로 만족한다. 퇴근하고 낚시를 하러 가는 대신 호프집에 들르고, 말을 타고 이끼 냄새가 진동하는 축축한 숲길을 달리는 대신 포르셰를 타고 신나게 도심을 달린다.

1차 자연과 2차 자연, 진짜 세상과 대리 세상의 위계질서가 이미 오래전에 완전히 무너졌다. 필요한 소비재와 불필요한 소비재의 구분도 오래전에 무의미해진 듯 수백만 종의 선택사양을 갖춘 빈틈 없는 상품바구니 속에서 자취를 감춘다. 우리의 작은 행성에서 60억의 다른 사람들과 함께 살아가려면 달리 방법이 없는 듯하다. 고도로 분화된 현대에서 살아남고 싶다면 위계질서적 평가는 불필요하고 비실용적이다. 현재 독일 직장인들의 일상에서 가장 자주 사용되는 말은 "오케이"이다. 나 내일 새 차 빼. 오케이. 메일로 보내줄래? 오케이. 나 자살할 거야. 네가 오케이면 상관없어. 사랑스러운 긴 하루는 그렇게 흘러간다.

원래의 자연이 우리가 부인할 수 없을 만큼 깊은 생채기를 낸 곳에서도, 나이와 질병, 탄생과 죽음이 우리를 휘어잡고 있는 곳에서도 사람들은 반박의 여지가 없는 자연의 명령을 인정하지 않으려 한다. 최대한 죽음을 잊으려 애쓰고, 나이를 감추고 수정하려 애쓰며 질병을 근절시키고, 출산을 세탁기 수리와 비슷하게 만들려 애쓴다. 독일 아동의 약 4분의 1은 엄마의 배를 가르거나 집게로 끄집어내졌고, 나이의 흔적은 수술로 지우고, 질병은 원인을 알지도 못한 채 약품으로 억제한다. 불임도, 원하지 않은 임신도 인공적으로 해결된다. 그런 탓에 현대 독일 소설의 주인공들은 완전히 미친 짓, 정말 말도 안 되는 반사회적 행동이 하고 싶을 때는 그저 나무를 베거나 풀을 베자는 생각을 한다.

여기까지 오기 위해 우리는 고단한 길을 걸었다. 우리 내부의 자연과 외부의 자연으로부터 멀리 멀리 떨어졌다. 어떤 이들은 해방되었다고 말한다. 염세주의자들은 소외되었다고 말한다. 하지만 두 입장은 모두 현실을 무시한다. 흔히 자연주의 시대를 사랑하는 사람들은 자연과 하나 되었던 사회의 잔혹함과 무정함을 간과한다. 수천 년 동안 우리는 아이를 끈에 묶어 풀밭에 방치하였고, 식사 때마다 아내는 남편이 식사하는 의자 뒤에 서 있어야 했다.

반대로 현대 사회의 지지자들은 피조물의 경험과 괴리됨으로써 우리가 치러야 하는 대가를 너무 낮게 평가한다. 그밖에도 이들 두 가지 평가(현대 친화적 평가와 현대 비판적 평가)는 아무런 성과를 낳지 못했다. 확실한 건 자연의 순환과정에 손을 댄 우리의 침범이 너무 깊고 광범위하며, 무엇보다 돌이킬 수 없다는 사실이다. 자연의 역사에서 유일무이한 일이다. 한 종種이 번식의 시점을 놓쳤다. 나아가 한 종이 삶을 자기 종의 번식에 유익하지 않도록 만들어버렸다.

그럼에도 이런 침범은 긍정적 결과와 부정적 결과를 낳는다. 우리의 인공적 삶의 장점과 단점을 반목시켜 어부지리를 얻을 권리는 누구에게도 없다. 자연적인 생활 과정으로부터의 이탈과 광범위한 인구층의 무자녀 상태를 정신적 불만과 인간적 불행의 원천으로 보는 사람이 적지 않다. 하지만 반대로 자연적 흐름에 속박되는 것을 자유의 상실과 금치산 선고로 받아들이는 이들도 있다. 두 견해 모두 허용되어야 한다. 서양 사상의 가장 중요한 성과물인 선택의 자유, 자발적 삶의 권리를 문제 삼자는 게 아니라면 말이다.

인구 피라미드가 삐걱거린다는 이유만으로 다시 발길을 되돌려야 할 이유는 무엇이란 말인가? 자연의 역사를 살펴보면 멸종하는 종들이 심심찮게 있어왔다. 퇴화와 품종개량도 가끔씩 등장했다. 하지만 한 종의 퇴행은 단 한 번도 없었다. 그것을 꿈꿀 필요도 없다. 퇴행의 대상이 인류의 절반뿐이라 해도 그 가능성은 적다. 우리는 우리의 자유를, 아이를 낳지 않을 자유와 멸종할 자유까지도 지켜야 한다. 그럼에도 우리는 막다른 골목에 갇혀 있다. 우리가 있는 곳에서 우리의 숫자가 날로 줄어가고 있다.

하지만 우리가 지나온 곳으로 다시 돌아갈 수는 없다. 우리에겐 제3의 길이 필요하다. 그리고 삶을 새롭게 창작하고 싶다면 무엇보다 어떻게 사랑할지를 고민해야 한다.

한국의 피임, 임신중절 실태

한국에서도 인위적인 방법에 의해 피임과 임신중절 등의 행태가 자연스럽게 이루어지고 있다. 피임의 경우 15~44세 배우자가 있는 부인의 피임실태를 보면, 1976년만 보더라도 피임을 하는 여성이 44.2%였으나 2006년에는 79.6%로 인공적인 방법에 의해 임신을 조절하려는 여성들이 많이 늘어났음을 알 수 있다.(한국보건사회연구원, 전국 출산력 및 가족보건·복지실태 조사, 2006)

또한, 15~44세 사이의 배우자 있는 부인의 임신중절 경험률의 변동 추이만 보더라도 1970년의 26%에서 2003년 40%로 증가된 상태이고, 더 이상 자녀출산을 막기 위한 불임수술의 경우도 이미 자녀가 둘인 여성의 불임수술 실천율은 40.8%, 세 자녀의 경우는 49.0%에 도달할 정도였다. 이렇게 우리 사회도 인공적인 방법에 의해 자연적 생태계를 벗어난 지 오래라고 볼 수 있다(한국보건사회연구원, 2006).

3장

사랑의

재앙

혼인을 통한 고용관계는
서서히 멸종 중이다

나는 아이가 없는 인공의 낙원에서 서른여섯 해를 살았다. 그리고 이 서른여섯 해의 절반을 한 남자와 보냈다. 마침내 첫딸을 얻었을 때 우리는 옛날의 시간 계산법으로 한다면 벌써 열다섯 살짜리 자식이 있어야 할 나이였다. 그 남자와의 관계는 그로부터 18개월 동안 더 지속되었다. 그 18개월 동안, 태어나는 순간부터 아빠가 옆에 없었던 또 한 명의 딸이 세상에 태어났다. 그 사이 아이들의 아빠는 자식이 없는 또 다른 인공의 낙원을 찾아 헤매었다.

이것은 아주 전형적인 스토리이다. 늦은 나이에 부모가 되고, 아이 아빠는 두려움에 도망을 치는 스토리는 아주 흔하다. 일찍 아이를 낳고 오랫 동안 안정된 관계를 유지하는 부부는 짝짓기를 원하는 주변 사람들 중 아주 미미한 비율에게만 나타난다.

이러한 경우 아이들의 불행은 사랑의 불행을 빼놓고는 절대로 이해할 수 없다. 사랑할 줄 모르는 사람은 함께 아이를 낳을 수도 없다. 사랑의 열정이 없다면 부모가 되고픈 열정도 없다. 때문에 아이가 없는 세상을 보다 잘 이해하고자 던지는 질문은 다음과 같을 것이다. 누가 누구를 사랑하는가? 누가 누구를 떠나는가? 그리고 누가 남는가?

우리 할머니의 인생은 요즘에는 보기 드문 스토리이다. 한 신사가 집에서 부리는 보모와 결혼을 한다. 어린 소녀의 위대한 러브 스토리다. 왕자는 곧 아름다운 보모를 원하게 된다. 기자였던 우리 할아버지는 할머니가 할아버지의 기사 내용을 비평은커녕 세 문장 이상은 이해하기조차 힘들어했지만 전혀 개의치 않았다. 그가 원한 여자는 지적 수준이 비슷한 사람, 대화의 파트너가 아니었기 때문이다. 생각은 남자 혼자도 할 수 있었다. 하지만 요리와 육아는 혼자서 할 수 없었다. 어쨌든 이런 결혼에서는 남자와 여자 사이에 관할 영역이 정확했다.

그 사이 이러한 유형의 결혼 모델은 과거의 광채를 잃었다. 지금도 여전히 자신의 애인을 비서실 책상으로 끌어들이는 직장의 주역들이 있을 것이다. 하지만 이런 혼인을 통한 고용관계는 타당한 이유에서 서서히 멸종하고 있는 중이다. 솔직히 말하면 '너무 천천히'라는 말을 덧붙여야 한다.

인구 축소에 일조한다고 비난받고 있는 상류 사회에서는 그 사이 약간 다른 모델이 보급되고 있다. 이 사랑 모델은 가장 인상적인 케이스의 이름을 따서 필라티(Pilati, 전 독일 국방장관 루돌프 샤핑의 전처) 모델이라 부를 수 있겠다. 내용은 이렇다. 나이와 교육수준이 비슷한 남자와 여자가 한창 나이에 가정을 꾸린다. 여자들은 대부분 가정에 충실하여 아이들은 잘 자라고 남자는 아무 탈 없이 출세가도를 달린다. 그리고 결과는 루돌프 샤핑과 필라티이다. 이미 머리가 희끗희끗한 남편에게는 아이가 없는 두 번째, 아니 세 번째, 연장전이 준비될 수 있지만 전前 부인의 새 출발은 아주 힘이 든다.

필라티 모델은 그 사이 독일 대도시 상류 사회에서 널리 보급되었다. 그 결과, 잠깐이나마 성적, 정신적으로 회춘하는 엄청난 숫자의 늙은 신사들이 교육수준이 높고 지적이며 경제적으로 유복하지만 아주 외로운 한 무리의 늙은 여성들을 휘하에 거느리고 있다. 엄격하게 말해 필라티 모델은 인구통계학에 큰 역할을 하지 않는다. 해당 남성들은 이미 인구통계학적 의무를 완수하였고 인생 후반기에 들어서야 다른 정사 모델에 관심을 돌린 사람들이다. 그들의 아버지와 할아버지들도 다르지 않았다. 다만 아버지와 할아버지들은 늙어서도 용기있게 늙은 아내를 끌고 다녔고 그러다 고령이 되면 다시 힘을 합쳐 평화로운 플라토닉 결혼생활을 이룰 줄 알았다.

하지만 널리 보급된 이 모델은 젊은 여성들에게 좋지 않은 영향을 줄 수 있다. 젊은 여성들이 대도시에 넘쳐나는 잘 차려입고 문화에 관심이 많으며 재능이 뛰어난 고독한 늙은 여성들에게서 자신의 미래를 본다면 현재의 젊고 유능한 애인과 진지하고 심각한 관계를 맺어야 옳은지 고민하게 될 것이기 때문이다.

젊은 여성들은 현실적으로 자문해야 한다. 딸이 처음으로 남자친구를 사귀자마자 혹은 아들이 처음으로 하키 경기에 출전하여 트로피를 받자마자 남편이 말라비틀어진 여자 변호사랑 근처 수영장을 들락거린다면 어떻게 할 것인가? 몇 년에 걸친 결혼과 양육의 날들을 보낸 후 자식 없는 여배우, 여류 시인, 여기자, 여가수, 여성 변호사가 나타나 힘 하나 안 들이고 남편을 훔쳐가버린다면? 외롭지만 돈 걱정 없던 주부로, 아직 미성년인 자식들의 어머니로 살아온 나는 앞으로 어떻게 살아갈 것인가?

다시 돌아왔다. 남자에 대한 오랜 불신이 모습을 바꾸어 돌아왔다. 오늘날에는 기아, 전쟁, 닫힌 사회의 성적 딜레마가 영웅들을 쓰러뜨리지 않는다. 오늘날 신뢰와 사랑, 무엇보다 가족을 파괴하는 건 과잉이다. 실존의 성적, 정서적 최적화를 꿈꾸는 지칠 줄 모르는 욕망이다. 물론 그런 최적화의 욕망에 넘어가는 건 남성들만이 아니다. 그런 남성들에게서 받은 영향도 없지 않겠지만 최근 들어 이혼의 욕구가 잦은 쪽은 여성들이다.

필라티 모델은 사랑의 거래에서 약간 변형된 또 다른 형태들이 있다. 그 중에서 역시나 상류사회의 인기를 끌고 있는 변형 형태는 도리스 모델Doris model이다. 이 모델은 추종자들이 번식 기술적 측면을 경시하면서 10년, 나아가 15년의 간격을 두고 최소 15살, 다음번에는 최소 25~35살 연하의 젊은 여자를 목표로 삼을 경우 인구통계학에 큰 영향력을 행사하게 된다. 물론 도리스 모델은 역사가 아주 깊다. 하지만 예전에는 사회 전반으로까지 확대 보급되지는 못했다. 그런데 그 사이 이 모델은 생명력이 강해졌다. 큰 무리 없는 하노버

수상 버전에서 베를린 여자 실습생들을 순번에 따라 신부로 맞아들인 늙은 장관을 거쳐, 늙은 성형외과 의사의 금발 쭉쭉 빵빵 간병인에 이르기까지 그 형태도 아주 풍요로워졌다.

가부장제에서 아버지 같은 애인, 딸 같은 애인의 모델은 늘 어느 정도의 관심을 받아왔다. 하지만 남성 참가자들이 생물학적인 관점에서 신랑이라기보다는 신부의 아버지에 가까운 이런 결혼 형태가 대량으로 유행한 적은 지금까지 한 번도 없다. 오늘날 우리 남성 엘리트들의 정사 회춘에 따라붙은 에로틱한 스포츠 정신과 사회적 인정의 꼬리표는 역사적으로 유례가 없는 것이다. 젊은 여성들의 용기를 꺾을 수도 있는 상황이지만 생물학적으로 그릇된 사랑의 태도가 오히려 사회적으로 높은 평가를 받는다. 물론 도리스 모델 역시 인구 통계학적 발전에 반드시 반反생산적인 작용만 하는 건 아니다. 늙은 신사들이 딸 같은 아내와 종종 자기 자식이라는 형태로 손자 대용품을 생산하거나 외국에서 생산을 시키기 때문이다.

그런 생물학적, 가족사적 왜곡 상황이 커플의 공식적 이미지를 규정한다. 공식적 이미지만이 아니다. 우리 친구들 중에도 날로 젊어지는 애인과 두 번째, 혹은 세 번째 가정을 꾸린 가장들이 있는가 하면, 자녀 없이 응석꾸러기 애완동물을 기르며 둘 다 성공의 길을 달리는 커플이 있으며, 애인과 파트타임 아빠를 계속 교체하면서 혼자 아이를 기르는 엄마도 있고, 무거운 짐을 안고 힘들게 달려가는 패치워크 가족(Patch work family, 조각보 가족, 이혼 후 각각의 아이를 데리고 가정을 꾸린 경우)도 있으며, 6주 동안의 도자기 공예 과정과 세 번의 연극 관람 일정으로 토스카나로 달려가는, 잘 가꾼 호감 가는 고독한 숙녀들도 있다.

하지만 성공적인 자녀양육에는 불리한 이런 센세이셔널한 현대식 짝짓기 행동 형태들 옆에는 당연히 표준모델이 자리하고 있다. 아이들을 포기하고 싶지 않다면 현재 북유럽, 특히 신교 사회에서 확고한 자리를 잡은 이 표준모델이야말로 바람직한 미래의 가족 모델이 될 것이다.

표준모델은 나이 차가 많지 않은 사랑하는 두 사람으로 이루어진다. 교육수준도 비슷하고 경제수준도 비슷하며 직업전망도 비슷하다. 남성의 우월과 여성의 송속이라는 노식 내신 **통등한 권리와 평등한 관계**를 중시한다. 우리의 노동사회 조건에서 표준모델은 공동 양육이라는 측면에서 다른 어떤 모델보다 우수하다. 그렇다면 왜 이 모델이 제 기능을 발휘하지 못하는 걸까?

고독한 이들은 실제로
존재하지 않는 사람을 찾게 된다

젊은 여성들에게 아이를 낳지 않는 이유를 물어보면 대다수가 남자가 없어서, 혹은 남자를 잘못 골라서라고 대답한다. 어떻게 그런 일이 있을 수 있는가? 역사상 수많은 사람들이 지금처럼 자유롭게 이성을 접촉할 수 있는 시절은 없었다. 그런데도 이제 곧 대도시 결혼 적령기 인구의 절반이 독신으로 남을 참이다. 왜 그럴까?

그 원인을 두고 이미 수많은 추측이 난무하였다. 그 중 가능성이 있는 한 가지 설명을 들어보면 이웃에 대한 신뢰부족, 표준모델에 대한 신뢰부족이 원인이라고 한다. 부상하는 중산층들이 보기에 표준모델은 신비감이 없다. 그들의 사랑관, 가족관은 좀더 격렬하고 조금 더 신비스럽다. 여성 잡지에선 잘생긴 동성애 청년 하나가 조금 전에 돈 주고 산 튤립 꽃다발처럼 방금 전 입양한 흑인 아기를 카메라를 향해 치켜들고 있다. 또 마이어 엄마는 헴펠 아빠를 어떻게 알게 되었는지, 어떤 어려움을 이기고 각자 세 명의 자녀를 데리고 결혼을 하게 되었으며, 지금은 시장을 볼 때마다 얼마나 재미있는지 털어놓는다. 사는 게 정말 신난다고 말이다. 삶은 그렇게 다양한 의외의 결합을 제공한다. 모든 것이 가능한 것 같다. 결합하는 자는 승리한다. 언제라도 파트너의 최적화를 위해 준비하고 있는 사람이 더 많은 것을 얻는다. 물론 TV나 국회의 잘 난 인물들이 먼저 시범 보이는 것들을 누구나 쉽게 따라할 수는 없다. 비용 문제만 해도 그렇다.

누구나 이해할 수 있는 선택의 두려움이 아니라면, 평범해 보이는 파트너를 선택하지 못하도록 가로막는 것은 특별한 것을 향한 동경이다. 비자발적으로 외로운 사람들의 다수는 제공되지 않는 사람을 찾고 있다. 모든 다른 사람들과 전혀 다른 사람. 아마도 자기 자신과도 전혀 다른 사람을 말이다.

높은 이혼율과 날로 늘어나는 독신 가구의 숫자를 근거로 우리는 교육수준이 높은 중산층의 다수가 그들의 위대한 사랑을 찾지 못하거나, 설령 찾는다 해도 그 기간이 극히 짧다는 결론을 내릴 수 있다. 그것은 교육받은 중산층들이 자신을 매력적이지 않다고 생각하며, 자신과 비슷한 상대성의 비교 샘플들 역시 거론할 가치가 없다고 여긴다는 의미는 아닐까? 그럴 수 있다. 아마도 자신에게 만족하는 사람은 없을 것이다. 하물며 자신과 비슷한 사람이야 말해 무엇하겠는가.

이런 불만의 이유는 성형외과의 매출액 신기록에서 추측할 수 있는 것들보다 더 복잡할지 모른다. 사실이다. 남자도 여자도 자신을 사랑거래의 고급상품으로 보고 싶어 한다. 그래서 개인의 상품 극대화를 위해 엄청나게 많은 시간을 소비한다. 적어도 짝짓기 행동에는 별 효과가 없는 이런 노력을 통해 그들은 피트니스, 화장품, 패션 산업의 대부분을 먹여 살린다. 하지만 이 모든 것은 이미 자신에 대한 명백한 불만의 원인이 아니라 표현일 뿐이다.

한국 미혼 여성들의 결혼관

한국의 여성들은 어떨까? 한국여성정책연구원 전기택 연구위원의 조사(부부의 초상 동상이몽? 통계분석 07-12, 2006)에 따르면 '결혼에 대한 태도'에 있어 2002년부터 15세 이상 여성 5명 가운데 1명만이 결혼을 필수로 생각하고 있었다. 1998년도만 하더라도 15세 이상 여성 가운데 '결혼은 반드시 해야 한다'고 응답한 사람은 30.5%였으나 2002년 21.9%로 감소하였고 2006년에는 21.6%로 1998년에 비해 8,9%p 감소한 것으로 나타났다.

그리고 결혼을 '하지 않는 것이 좋다'거나 '하지 말아야 한다'는 반대 입장을 취하는 15세 이상 여성의 비율은 1998년 1.6%, 2002년 2.8%, 2006년 3.1%로 나타났다. 이러한 결과는 2006년 결혼에 대해 반대 입장을 취하는 15세 이상 여성 비율이 1998년에 비해 약 2배가 증가한 것임을 알 수 있다. 특히, 30대 여성의 8.9%만이 '반드시 결혼을 해야 한다'고 응답해 10명 중 결혼을 필수적으로 생각하는 여성은 1명도 채 안 되는 결과를 보여주었다.

15세 이상 기혼가구의 여성응답자 중 결혼을 늦게 하였다는 여성을 대상으로 그 이유를 살펴본 결과 '특별한 이유 없음'이 46.9%이었으며, 이 외에도 '배우자감이 없어서' 24.6%, '취업에 방해 될까봐' 11.5%, '경제형편이 좋지 않아서' 10.1%였다. 특히 결혼할 연령으로 볼 수 있는 25~29세와 30세 이상 여성의 경우는 '취업에 방해될까봐'라고 가장 먼저 응답해 결혼보다 취업에 대해 더 중요하게 여기고 있음을 알 수 있다.

또한, 2006년 전국 출산력 및 가족보건·복지 실태조사에 따르면 15~44세 배우자 있는 부인의 자녀필요성에 대한 응답으로 1991년 당시 '반드시 가져야 한다'(90.3%)는 의견이 '반드시 가질 필요는 없음'(8.5%)이라는 의견보다 압도적인 결과를 보여 이 당시만 해도 결혼을 하면 아이는 반드시 가져야 한다는 의식이 컸음을 알 수 있다. 그러나 2006년에는 '반드시 가져야 한다'는 의견이 53.8%, '반드시 가질 필요는 없음'이 46.2%로 자녀필요성에 대해 상당히 완화된 가치관을 갖고 있음을 알 수 있다.

이렇게 한국여성들은 결혼에 대한 가치관과 자녀의 필요성에 대한 가치관 등에 상당한 변화가 일어나고 있고, 그로 인해 결혼을 미루는 만혼 현상이나 극단적인 경우, 결혼을 해도 아이를 낳지 않는 딩크족들이 출현하고 있다.

여성의 심장에는 순수한 본성의 보호구역이 남아 있지 않다

인간은 영원히 20대로 남을 수 없다. 그래서 나이 많은 외무부 장관이나 연방수상, 민족시인, 편집국장은 정사를 통해 젊어지고 싶어 한다. 그들이 아니라면 호수변에 자연석 집을 지어놓은 돈 많은 기업 회장들이 그럴 것이며, 거실에서 세상을 쥐락펴락하는 늙은이 군단의 다른 샘플들이 그 대열에 동참할 것이다. 우리의 바람은 그저 그들이 젊고 똑똑한 도서관 사서에 비해 계통진화사적 장점을 갖추었기를 바랄 뿐이다.

아버지뻘인 남자들이 젊은 여자를 찾는 것은 현대 성생활의 가장 당혹스러운 현상 중 하나이다. 늙은 신사들이 그런 군신관계를 통해 어떤 쾌락을 얻는지는 나로서 판단할 길이 없다. 그저 젊은 여성들이 장관 주식회사의 늙은 신사들보다는 도서관 사서 젊은이에게 더 애정을 느꼈으면 하고 바랄 뿐이다. 늙어가는 주도세력들과 영원히 주

IOI

여
성
학
교

도세력이 되고자 하는 남자들에게 젊음을 되돌려주는 샘물이 되어 행복함을 느낀다는 여자를 나는 본 적이 없다.

위압적이고 잘나 보이는 우두머리 동물을 가장 신뢰하는 젊은 여성들이 신新 생물학의 지지를 받고 있다. 신 생물학은 강한 남성, 부양자, 영혼의 목자를 향한 동경, 우러러보고 싶고 약해지고 싶은 마음, 보살피는 태도, 그 밖의 몇 가지 원래 여성적 특징들이 진화를 통해 타고나는 것이라고 한다. 오토 바이닝거(Otto Weininger, 오스트리아의 철학자. 모든 생물은 남성적 요소와 여성적 요소를 다양한 비율로 겸비하고 있다고 주장했다. 남성적 요소는 적극적 · 생산적 · 도덕적인 반면, 여성적 요소는 소극적 · 비생산적 · 비도덕적이다)와 옛 시절 냄새가 풍기지만 실은 남녀의 성생활을 자연의 연극으로 변용시키려는 현대의 전략이다. 21세기 성 이론에 있어 이것은 단순한 해석학적 스캔들 이상이다.

이것은 무엇보다 엄청난 넌센스다. 사회적인 것의 자연사는 없기 때문이다. 완벽하게 인공적인, 기술적으로 과도하게 조작된 곡예의 세상에서 어떻게 우리 여성들이 가슴 한가운데에 순수한 본성의 보호구역을 지켜왔어야 한단 말인가? 불가능하다. 실제로 그 말을 믿는 사람도 없다. 우리는 모두 알고 있기 때문이다. 감정은 패션과 식습관처럼 시대와 사회에 종속된다는 것을.

우리의 삶은
우리가 느낀 세상과 실제 세상을
오가는 대담한 줄타기이다

우리 인간은 모든 환경에 적응한다. 물론 하룻밤에 이루어지는 일은 아니다. 우리 삶의 엄청난 가속도 아직 우리 신경섬유 한 올 한 올에까지는 도달하지 못했다. 우리의 뇌와 사이버 시스템은 이미 저 멀리 21세기에 가 있지만 우리 가슴과 사랑 모델은 여전히 19세기에 머물러 있고 우리 몸은 수십 억 년이나 된 기능을 지금껏 끌고 다닌다. 우리는 너무나 미래주의적이면서 한편으론 너무나 구식이다. 그래서 늘 마음이 편치 못하고, 우리의 감정생활은 실생활을 힘겹게 절룩거리며 쫓아가고 있다.

우리 여성들은 가게와 병원을 운영하고 회사와 기업을 창립하고 언론과 대학에서 승승가도를 달리지만, 마음속으로는 아직도 우리에게 칼을 바칠 기사를 찾고 있다. 그리고 역시나 같은 것을 원하는 남성들이 우리에게서 그들의 이상형을 찾지 않고 우리의 여비서들과

도망치게 되면 깜짝 놀란다.

감정으로 느끼는 세상과 실제의 세상을 줄타기하며 사는 건 우리 여성들만이 아니다. 남성들도 다를 바가 없다. 젊은 남성 4명 중 1명이 아버지가 되기를 거부한다. 이는 분명 오늘날 대학을 졸업한 젊은 이들이 중년, 노년이 될 때까지 겪어야 하는 사회 불안 때문이다. 하지만 이것은 사랑과도 관련이 있다. 지적인 젊은 도서관 사서를 퇴짜 놓는 여성들의 근시안적 결정과 과거의 사랑 규정에는 전혀 적혀 있지 않았던 여성들의 출세와 깊은 관련이 있는 것이다.

우리 세대는 사랑에서도 개척자들이다. 사랑에서도 현재 40대에서 60대 사이인 우리는 이렇다 할 성공을 거둔 첫 세대이다. 그리고 우리는 이런 사회적인 새 질서를 심장의 낡은 질서와 결합시켜야 했던 첫 세대였다.

우리 중 성공한 사람은 극소수다. 나 역시 친구들이나 동료 여성들과 다르지 않았다. 우리는 청춘의 사랑을 직장에까지 데려올 수 없었다. 아침이면 자전거를 타고 등교하고 저녁이면 플라톤에 대해 토론할 때는 기가 막히게 잘 작동하던 것이, 자전거가 비행기가 되고 플라톤이 편집회의가 되자 작동을 멈추었다. 경제활동, 적어도 인간 전체를 요구하는 경제활동은 우리의 사랑모델에 포함되어 있지 않았다.

물론 그 사실을 당장 간파한 건 아니다. 어떻게 그럴 수가 있겠는가? 앨런 진스버그Allen Ginsberg의 서정시에 대해서, 인간의 심장 판막 상태에 대해서 모르는 것이 없는 똑똑한 사람들이 어떻게 성역할 분담 같은 부차적인 문제를 해결하지 못한단 말인가? 재능 있는 독일 대학 졸업자들이 왜 부엌 문제에는 실패한단 말인가? 이것이 사랑을 지탱하지 못하는 우리의 무능력과 관련 있는 한 이 문제는 독일 대학 졸업자들의 자녀회피현상에 깊숙이 파고 들어간다. 간단히 말해 문제는 일 때문에 깨어진 사랑인 것이다.

이런 고르디우스의 매듭(Gordian knot, 복잡한 문제를 대담한 방법으로 풀었다는 뜻을 지니고 있는 속담)은 연방정부의 가족정책적 조치로는 절대 풀 수가 없다. 원인은 합리적인 논리가 미치지 않는 보다 깊은 곳, 즉 질질 끌고 온 지난 세기의 이미지 저장고에 있으며, 사랑의 윤리라 부를 수 있을 것의 커다란 부재에 있다.

한국 미혼 남성들의 결혼관

한국 남성들은 출산에 대한 생각 이전에 결혼에 대한 태도에서부터 상당한 변화가 있어왔다. 여성정책연구원 전기택 연구위원의 조사(부부의 초상 동상이몽? 통계분석 07-12, 2006)에 따르면 15세 이상 남성 가운데 '반드시 결혼을 해야 한다'고 응답한 남성의 비율은 1998년 36.9%에서 2002년 29.5%로 감소하였으며, 2006년에는 1998년에 비해 6.9%p 감소한 30.0%로 나타났다. 그리고 결혼에 대해 유보적인 입장을 취한 15세 이상 남성의 비율은 1998년 18.4%, 2002년 19.9%로 증가하였으며, 2006년에는 1998년 비해 2.7%p 증가한 21.1%로 나타났다. 또한, 결혼에 대해 반대의 입장을 취한 15세 이상 남성은 1998년 0.8%에서 2002년 1.1%로 나타났으며 2006년에는 1998년과 비교해 0.5%p 증가한 1.3%로 나타나 결혼을 반드시 해야 한다는 인구는 줄고, 결혼에 대해 반대하는 인구는 증가하고 있다.

출산에 대한 의식도 과거와 많은 변화가 일어났다. 둘만의 사랑을 위해서 아이를 포기한다고 말하는 딩크족들이 출현하였고(2007년 11월 12일 〈SBS 8시 뉴스〉), 맞벌이 증가로 자녀를 출산해도 마음 놓고 맡길 만한 사람이 없거나 경제적인 이유로 자녀를 갖는 것이 두렵다고 말하고 있다. 이 외에도 3자녀 이상 다자녀 가정이나 저소득층 가정에 대한 출산 정책만 있을 뿐 중산층을 위한 정책이 부재하기 때문에 자녀를 갖기가 어렵다고 보도하고 있다(〈기선민 기자의 가정만세〉 '아이 낳기가 무서운 이유', 중앙일보 2007. 11. 20).

신분이 낮은 여성에 대한 남성들의 선호는 야만적이고 모욕적이다

젊은 시절 우리의 사랑을 물거품으로 만들었던 것이 정확히 무엇이었을까? 사랑의 규칙을 깨뜨린 것이 우리 일을 받아들인 사회의 여성에 대한 인정이었던가? 우리의 얼굴에서 젊음과 아름다움을 앗아가고 우리의 시선에서 천진무구함을 빼앗은 것은 직장 스트레스 때문일까? 우리는 알지 못한다. 하지만 남자처럼 일하기 시작한 우리 여성이 유복한 시민계급의 성생활이 지켜야 할 비밀법칙을 깨뜨렸기 때문이라고 추측할 수밖에 없다.

이런 가부장적 원시 법칙에서 벗어날 길이 없다는 말은 아니다. 사랑과 직장을 행복하게 결합하고, 성 역할이라는 낡은 이미지를 극복한 커플들도 많다. 내 친구들 중에도 사회에서의 출세와 20년 동안의 안정된 사랑에 모두 성공한 친구가 있다. 심지어 내가 아는 한 남성은 외모도 준수하고 성격도 다감하며 대학까지 졸업했지만 아내가 병원에서 회진을 할 동안 집에서 딸에게 점심을 차려주고 지붕을 고친다.

농업사회에서는 강한 여성이 인기가 높았고 현실적으로 꼭 필요했다. 약한 여성의 이미지가 창조된 건 시민사회에 들어서면서부터였고, 시민사회는 입에 발린 온갖 고백에도 불구하고 그 프로젝트를 오늘날까지 고수하고 있다.

행복한 예외도 수없이 많지만 지극히 비인간적인 규칙은 지금도 여전하다. 직장에서 성공할수록 여성은 외로워지며, 남성의 눈에 매력 없고 중성적으로 비쳐 남성의 보호본능, 정복본능을 자극하지 못한다. 전통적인 여성의 영역, 연극, 음악, 살롱, 토크쇼와 패션 분야 등 몇몇을 제외하면 성공한 여성들에게는 실현된 여성성의 모델이 없는 것과 다름없다. 성공한 여성은 미리 앞질러 고개를 숙이고 자처하여 남성화되지 않을 경우 남성의 시각을 통해 철저히 중성화된다. 그리고 남성의 짝짓기 행동을 통해 찬밥신세가 된다.

남자 교수가 여자 교수와 결혼하는 일은 드물다. 보통은 여자 조교를 훨씬 더 마음에 들어 한다. 남자 수석 검사는 상고를 갓 졸업한 여직원과 결혼하고 싶어 하고 의사는 간호사와, 방송국장은 방송국장 회의에 입고갈 옷을 제대로 골라줄 줄 아는 코디와 짝을 짓기 쉽다. 여자 수석 검사, 여자 교수, 여자 수석 의사, 여자 방송국장은 손해를 본다. 아마도 그들의 미래는 폴란드 타일공, 러시아 배관공이나 어느 외국 노동자에게 가 있을 것이다.

"남성들은 대부분 젊은 여성과 결혼한다. 여성들은 교육수준이 비슷한 파트너를 원하는 경향이 높다." 프랑크 쉬르마허는 그의 책 《Minimum》(한국어판 제목 《가족, 부활이냐 몰락이냐》)에서 이렇게 말했다. "남성들이 계속해서 더 젊은 여자, 특히 교육수준이 비슷하지 않은 여성을 선호한다면 교육수준이 높은 성공한 여성들은 향후 '동급의 파트너'를 어디서 찾겠는가? 이것은 해답이 시급한 문제이다."

간단명료하게 생각해 보자. 사회적 신분이 낮은 여성을 선호하는 남성 대다수의 선택은 야만적일 뿐만 아니라 여성에게 깊은 모욕감과 굴욕감을 안겨준다. 오랜 세월 함께 살던 남편이 어느 날 소시지 가게의 젊은 종업원과 도망을 쳤고 가엾은 아내는 잡지에서 하얀 레이스 속옷 차림의 상처 입은 여성성을 확인하는 방법 말고는 더 좋은 아이디어가 떠오르지 않았다. 네글리제를 입고 포즈를 취하여 노령과 출세와의 결합 가능성을 입증하겠다는 50대 여성 예술가, 여성 학자, 여성 기자들의 굴욕적인 기획들 역시 하나의 조야한 일탈에 불과할 뿐이다.

대부분의 불행은 이보다 덜 충격적이며 살금살금 다가오곤 한다. 그래도 결과는 똑같다. 가장 재미있고 가장 자기 일에 열심이며 가장 큰 성공을 거둔 여성이 보통은 가장 외로운 존재이다. 활발한 대인관계와 사회생활로 인간관계가 활성화되어 있기 때문이다. 하지만 질적으로는 외롭다. 잠깐의 불같은 사랑이 간혹 찾아온다고 해도 결국에는 그들을 사랑하는 이가 아무도 없기 때문이다.

여성 작가 모니카 마론Monika Maron은 중년을 넘긴 외로운 여성들을 주인공으로 삼은 소설 《빙퇴석 Endmoränen》에서 21세기 독립

여성들을 위해 독창적인 유토피아를 고안해 냈다. 경제적으로 독립했고, 외모도 출중하며 교양도 높은 여성들이 가부장제에 복수하는 길을 발견했다. 아주 간단하게 남성들의 모델을 본받아 동유럽 결혼 시장에서 애인을 장만한 것이다. 모니카 마론의 소설에서는 젊고 남성적인 러시아 젊은이가 브란덴부르크의 시골 별장에서 중년 여성들의 가을 저녁을 아름답게 물들인다. 아마도 얼마 안 가 성공한 독일 여성의 사랑 모델은 실제로 이런 모습이 될 것이다. 스포츠카와 개, 자기 집을 가졌으며 건강관리와 운동을 열심히 하는 약 55세의 여자 대학 교수가, 가진 것이라고는 단기 체류 허가증과 몇 장의 CD밖에 없는 벨로루시 출신의 32살 금발 수영장 관리인과 결혼하는 모습은 흔해질 것이다. 방송국장이 코디네이터와, 장관이 실습생과, 검사가 비서와 누릴 수 있는 행복을 그녀라고 해서 누리지 못할 이유가 어디 있는가?

그게 아니라면 전체적으로 뭔가 잘못된 건 아닐까? 아주 근본적인 이상이 생긴 게 아닐까? 결국 모두가 만족하지 못하는 건 아닐까? 결코 우리를 만족시켜주지 못할 성 모델을 뒤쫓아가고 있는 건 아닐까? 침실 문을 나서자마자 그 모델은 우리가 몸담고 살아야 하는 이 시대와 어울리지 않는다. 그 한 가지 이유만으로도 그 모델에 대한 의구심이 밀려온다. 법학을 공부한 여성이 결혼하고 세 아이를 낳은 후 두 번 다시 법정이나 사무실에 들어서지 않으면 행복하다고 생각했던 시절이 그리 오래 전의 이야기는 아니다. 그들은 육아와 봉사활동으로 인정을 받았고 만족했다. 그들은 그들이 살던 시대의 상류층 성공모델, 즉 서열이 명확한 성 질서를 자연의 질서라고 선언했던 것에 공감하였다.

그러나 그런 서열은 근거를 잃어버렸다. 그건 우연이 아니다. 성공한 아내의 집을 관리하고 개를 산책시키며 만족할 젊은 수영장 관리인은 존재하지 않는다. 마찬가지로 수석 검사인 남편의 와이셔츠를 다림질하고 간호사 기숙사에서 톰볼라(Tombola, 행사할 때 손님들을 초대해서 입장권을 추첨해 상품을 주는 행사)를 고대하는 젊은 여성들도 점점 사라지고 있다. 이 모든 것들은 이미 못 쓰게 되어버린, 수백 번도 더 작별을 고한 낡은 모델들이다. 지금까지 우리에게 부족한 것은 매력적인 대안이다. 그리고 아이들이다.

동등한 파트너 관계는
사랑의 모델을 밝히는 빛이다

지난 몇십 년은 사랑의 격렬한 실험 단계였다. 실험 참가자들에게 때로 심한 고통과 혼란을 안겨주었던 이 시기는 별로 만족스러운 결과를 낳지 못했다. 사랑의 기본 상수인 커플을 버리고 대신 그룹, 공동체, 삼각, 사각, 혹은 오각 관계 같은 다른 변수를 선택하려던 모든 시도는 실패했다고 볼 수 있다.

낡아빠진 위계질서식 사랑 모델을 대체할 확실한 대안은 그런 위험한 실험으로부터 자라나는 게 아니라 낡은 가부장적 모델의 성실하고 이성적인 발전으로 보아야 한다. 나이도, 교육수준도 비슷하며 똑같이 직장생활하는 동등한 파트너 관계는 비참했던 예전 모델과 비교해 볼 때 더 긍정적인 것이라 할 만하다. 그것은 아무리 세월이 흘러도 똑같은 남성적 사랑 모델이 이제는 더 이상 되풀이되지 않도록 막아줄, 지금까지 알려진 유일한 대안이다. 그것은 참가자들의 높은 감성적, 성적, 도덕적 성숙도를 믿으며 높은 정신적, 육체적 기동성과 자유를 믿는다.

반대파는 이러한 평등지향적 모델을 향해 따분하며 무엇보다 성적 매력이 수준 이하라는 비방을 일삼는다. 동시에 스칸디나비아의 후기 사회민주주의적인, 완전히 진부한 평등주의의 전형적인 케이스, 생기 없고 실용적인 사랑의 축소 모델, 냉혈한 합의사회의 기형, 더 심하게는 타락과 방탕, 완전히 미친 짓이라고 비난한다. 매력적인 것, 동물적인 것, 폭력적인 것, 비범한 것이 결핍된 인위적인 사랑이라고 말이다.

이런 핑계는 시대정신을 주도하는 기업의 직원과 TV 오락프로에서만 등장하는 것이 아니다. 심지어 남녀의 원시적인 폭력관계, 유혈이 낭자한 교미와 여성의 복종을 예술 원칙으로 격상시키는 보도 슈트라우스(Bodo Strauss, 가장 주목받는 현대 독일 작가로 꼽힘) 같은 똑똑한 현대인의 서면 공고에서도 등장한다.

이 모든 것은 이데올로기적 날갯짓에 다름 아니다. 실제로 탈 서열화된 사랑은 침대에서도 따분하지 않다. 소위 신비롭고 자극적이며 광란적이라는 마초의 사랑이 끝난 후 여자가 남자에게 포도주 한 병을 더 따주고 공손하게 그의 독백에 귀를 기울이는 장면을 사랑의 마지막 절정이라고 생각한다면 아쉽겠지만 말이다.

가부장제는
유전되지 않는다

우리는 여전히 양성 불평등의 의미와 무의미에 대해 오랫동안 토론할 수 있다. 하지만 이런 토론은 별 영향력이 없다. 낡은 가부장제 가족은 구원될 수 없다. 구원을 믿을 수 있는 사람은 지금도 여전히 세상을 책상에 앉아 설계할 수 있다고 꿈꾸는 사람들뿐이다. 현실은 그런 꿈들과는 아무 관계가 없다.

우리가 사는 시대는 아무것도, 우리의 하루 중 단 한 시간도 80년 전이나 100년 전처럼 흘러가지 않는다. 모든 척도가 바뀌었다. 우리는 그때와는 다르게 일하고, 다르게 먹고, 다르게 소통하고, 다르게 생각하며, 다르게 옷을 입고, 다르게 놀며, 다르게 이야기하고, 다르게 생산하고, 다르게 소비하고, 다르게 이동하며, 다르게 아이들을 키우고, 다른 책을 읽고, 다른 음악을 들으며, 전혀 다른 일에 매진한다. 과연 어떤 기적이 이 혁명으로부터 남녀 관계를 보호할 수 있단 말인가? 보호할 수 있다고 확신하는 자는 그런 이데올로기적 통조림에 확실한 관심을 가진 자이다. 그리고 이런 퇴행적 유토피아의 부작용은? 바로 자녀회피현상이다. 오늘날 여성들이 아이를 낳고 싶은 장소는 원시적인 남녀관계의 박물관이 아니라 살아 있는 파트너 관계이기 때문이다.

이는 유럽 여러 나라들을 비교해 보면 바로 확인할 수 있는 사실이다. 융통성 없는 가부장적 역할 분담이 여전한 남쪽의 구교 사회에서 특히 여성들이 아이를 적게 낳는다. 평등한 파트너 관계에 호감을 보이는 북쪽 신교 국가들에선 출산율이 다시 상승하고 있다.

물론 몇몇 사회학자들은 이런 주장을 반박한다. 예를 들어 미국의 필립 롱먼Phillip Longman은 정반대의 주장을 펼친다. 가부장적인 지배관계에서만 아이들이 많이 태어난다고 말이다. 여자들에게 수녀와 창녀, 주부 중 하나를 선택하도록 강요해야만(다른 선택, 특히 직업 활동의 선택사항을 막아버려야만) 어쩔 수 없이 아이를 많이 낳는다고 말이다. 그렇게 극단화시키면 그의 말도 완전히 틀린 건 아니다. 남성으로부터 독립한 자유로운 여성은 가능한 모든 것을 실행에 옮길 테지만 12명에서 16명의 아이를 낳지는 않을 것이다. 따라서 롱먼은 길게 보면 가부장적 가족 관계가 진화론적으로, 즉 순수 양적으로 성공할 것이라고 주장한다. 그렇게 되면 해방은 저절로 끝날 것이다. 해방된 환경이 여자들에게 자식을 두지 않도록 하기 때문이다.

그의 주장에는 많은 오류가 숨어 있다. 가장 눈에 띄는 것은 지금까지의 지식 수준으로 미루어 볼 때 가부장적 사고는 유전되지 않는다. 마초 유전자란 없다. 가부장적 가족의 자식들도 사회화의 과정을 거쳐 해방의 이상에 동조할 수 있다.

　두 번째 오류는 서구 사회 곳곳에서 가부장제는 다산의 보증서가 아닌 높은 이혼율의 보증서가 되고 있다는 것이다. 하지만 롱먼의 예언에서 가장 탁월한 오류는 다른 곳에 있다. 롱먼은 여성들을 계산에 넣지 않는다. 가부장제가 진화론적으로 성공을 거두기 전에 이미 '주부강요모델'로 인해 저절로 사멸할 수 있다는 생각을 하지 않는다. 그것도 단 한 가지 이유 때문에, 즉 다수의 여성들이 그걸 원치 않는다는 이유 때문에 말이다.

현대에는 성공한
사랑 모델이 없다

　우리가 실제로 인구 재앙을 겪고 있는지 아니면 그 재앙을 향해 가고 있는지는 두고 볼 일이다. 하지만 현재 우리가 이미 겪고 있는 일, 위협적인 인구 재앙의 선발대는 사랑의 재앙이다. 여기에는 여러 가지 근거가 있지만 특히 한 가지 이유가 손꼽힌다. 현대 생활환경에서는 성공한 사랑의 모델이 전혀 없다는 사실이다.

　현재 커플들의 역사에서 아직 한 번도 성공 모델이 없었다. 일반적으로 잘 알려진 유명인 커플은 거의 모두가 인정할 만한 사랑 모델에서 제외된다. 배우이건 가수이건 운동선수건, TV 제작자건, 축구의 황제건, 왕이건, 연방수상이건, 황태자건 모두 마찬가지다. 모두가 두 번, 세 번, 심지어는 다섯 번씩 결혼을 했고 이제 막 다시 사랑에 빠져 이제 막 이혼을 했으며, 이런 저런 불장난 같은 경험들을 통해 아이들을 만들고 숨겨놓은 애인을 만들며, 몇 년 동안 부인했던 자식과 버린 아내와 이제는 찾지 않는 인생 반려자들을 엄청나게 많이 거느리고 있다.

　그 옛날 궁정에서도, 성직자들도 크게 다르지 않았을 것이다. 우리 대중들은 그저 정확하게 알지 못했던 것뿐이다. 요즘에는 모든 것이 드러나기 쉽고 그 즉시 이혼 법정으로 간다. 아이들을 주렁주렁 낳아 잘 키워내고 지난 70년을 감사하게 받아들이며 겸허한 마음으로 눈을 감는 선량한 늙은 아낙의 모습은 이제 사라졌다. 모든 다른 것들이 그러하듯 결혼도 시식용이요, 소비재이다.

　최종 목표는 소비자의 욕구 충족이다. 결혼의 윤리는, 혹여 그런 것이 있었다 하더라도 그것의 창조자인 근면 성실한 시민 계급과 더불어 흔적도 없이 사라져버렸다. 아니, '거의 흔적도 없이'라고 말하는 게 옳겠다. 잉게 옌스Inge Jens와 발터 옌스(Walter Jens, 독일의 소설가, 고전문헌가, 고전문헌학 교수), 로키 슈미트Loki Schmidt와 헬무트 슈미트(Helmut Schmidt, 독일 정치가, 사회민주당에 입당하여 국방장관, 재무장관, 수상을 역임했다)처럼 극소수의 유명 부부들에게서 이런 낡은 결혼관, 명예관의 정신이 아직 살아 있기 때문이다. 그리고 온갖 전망으로 미루어 보건데 이러한 것들은 그들 세대와 더불어 완전히 사라질 것이다.

4장

사면초가에
빠진 가족

안정된 가부장제 가족의
낙원으로 가는 문은 이미 닫혔다

사랑이 다시 생존력을 갖추려면 어떻게 해야 할까? 어떻게 해야 부부, 특히 대도시 부부들이 함께 아이의 손을 잡고 초등학교 입학식에 갈 수 있을까? 남성의 여성상에 맞지 않는다는 이유로 혼자서 자식도 없이 사는 여성들을 어떻게 도울 수 있을까? 어떻게 해야 젊은 여성들이 나이와 권력, 남자다움은 쓸 만한 가장의 자격요건은 물론 좋은 애인의 충분조건에도 부합되지 않는 사실을 깨달을 수 있을까? 어떻게 해야 가장들이 젊디젊은 새 애인보다 자기 자식과 그 자식의 어머니들이 그들을 더 필요로 한다는 사실을 납득할 수 있을까? 어떻게 해야 어머니들은 아이에게 아버지를 포기시키기보다 자신이 새 애인을 포기하는 편이 훨씬 낫다는 사실을 납득할 수 있을까?

이들 질문에 대한 대답이 뉴 테크놀로지나 배아 연구의 발전보다 훨씬 더 시급하다. 우리가 뭐가 뭔지 알 수 없는 대도시의 애정 무질서 현상 속에서 아주 행복하다는 말은 사실이 아니기 때문이며, 펠릭스가 클라라와의 관계를 고민하고 있을 무렵 클라라는 이미 막스를 떠났고 막스는 이제 레베카에게 마음을 두고 있지만 레베카는 에른스트와의 관계를 끝낼지 말지 고민 중이며, 에른스트는 벌써 도로시를 버렸고 덕분에 도로시는 이제 안타깝게도 세 아이와 함께 혼자 남았지만 겨울을 항상 고메라 섬에서 함께 보내는 여성 그룹에 들어가 행복하게 지내고 있다고 해서 달라질 수 없는 상황이다.

자유화로 인한 가족의 피해를 그런 식으로 재정의하고 미화한다는 것은 분명 삶에 대한 거짓이다. 진실은 우리가 행복하지 않다는 것이다. 클라라와 막스, 레베카와 에른스트와 도로시는 사실 너무도 경망스럽게 펄떡대는 심장의 에너지 때문에 완전히 지쳤고 혼란에 빠졌다. 그러니 이혼 고아의 고통은 말할 필요도 없다.

우리는 사면초가에 빠졌다. 새로운 사랑의 질서는 아직 발견하지 못했다. 낡은 결혼 윤리의 코르셋은 타당한 이유로 이미 벗어던져 버렸다. 이건 기적이다. 과거 세대들이 쇠사슬에 묶여 근근이 목숨을 부지할 수밖에 없었던 곰팡내 나는 결혼의 감옥들은 사라졌고, 결혼의 족쇄에 묶여 굶주리던 자들은 해방되었다. 대성공이다.

하지만 사랑은 감옥과 더불어 집을 잃어버렸다. 정해진 거처도 없이 사랑은 이곳저곳을 떠돌며 한 곳에 오래 머무르고 싶어하지 않는다. 우리가 사랑에게 지어준 집들은 우리가 실제로 살고 있는 변두리 어딘가의 그 경량주택, 연립주택, 조립식주택과 치명적으로 닮았다. 아이와 더불어 사는 삶이 아직도 가능한 곳, 그리고 결혼이 부부가

기거하는 집의 판지벽보다도 빨리 허물어져 내리는 그곳 변두리 어딘가에.

이 모든 건 새로운 현상이 아니다. 우리 집 왼쪽과 오른쪽, 앞과 뒤에서 가족이 해체되고 있다. 수많은 대도시 초등학교 교실에서 공부하는 아이들 중 거의 절반이 아빠 없이, 혹은 임시 아빠와 생활하며 성장한다. 이런 세태는 점차 증가하고 있다. 유행잡지나 어리석은 결혼 상담가들이 아무 생각 없이 쏟아내는 경박한 이혼 공식도 아무 도움이 안 된다. 끝없는 끔찍함보다는 끔찍한 끝이 낫다. 하지만 아이들에겐 이런 가족의 해체가 일생 동안 따라다니는 끔찍함이 된다. 짧은 실험 기간이 끝난 후 부모가 지난날을 돌아보며 얼마나 끔찍했는지 생각하는 것이 아이들과는 아무 상관이 없다.

이렇게 계속 갈 수는 없다. 안정된 가부장적 가족의 낙원(물론 우리 여성들에게는 낙원이 아니었지만)으로 가는 문은 오래 전에 닫혔고 금발 천사들이 아무리 합창을 해대도 결코 열리지 않을 것이다. 길은 앞으로만 나아간다. 상황을 계속 미화하지 않는 것이 우선이다. 현실 파괴적이고 아이들에게 특히 공포를 주는 상황을 짜릿하다고, 모험이라고, 다채롭다고 억지 주장을 하지 않는 것이 중요한 첫걸음이 될 것이다.

유감스럽게도 아이들은 어른들이 다양한 자신의 욕망을 표현하듯 그렇게 능숙하게 자신의 공포를 표현할 수 없다는 것을 염두에 두어야 한다. 그러니 유명 인사 가장들이 파트너를 바꿀 때마다 매체들이 테니스 경기의 승전 소식이라도 되는 양 앞다퉈 축하공연을 벌이지 않고, 특히 이 모든 경우에 남자의 정력을 칭송하는 숭배자들만이 아니라 아이 변호사도 공식 논평을 해준다면 많은 도움이 될 것이다.

또한 불가침이라 생각하는 엄마나 아빠의 자아실현 권리에 대해 더 많은 의혹이 제기된다면 더욱 좋을 것이다. 새로운 결혼 윤리로는 해결이 안 될 테니 아예 자식에 대한 책임 윤리를 가르친다면 좋겠다. 인생의 결정적인 순간 2, 3초만이라도 무엇이 더 무거운지, 아이에 대한 책임인지 자신의 욕망인지 자문해 볼 시간을 갖는 것도 중요하다.

이혼 고아의 고통

부모의 이혼이 자녀들에게 타격을 준다는 것은 누구나 동의하는 사실이다. 그러나 그러한 타격이 자녀들에게 미치는 정도는 일반인들이 생각한 것보다 훨씬 더 오래 지속되며, 보다 어린 연령부터 경험된다(김경자·임선영·김경원, 2007 재인용). 보통 나이가 어릴수록 이혼 후 더 많은 파괴행동을 보여주는 반면, 나이든 아이들은 우울증상이 더 많았다는(Amato, 1991. 김경자·임선영·김경원, 2007 재인용) 연구결과와 같이, 사춘기 때의 청소년들보다는 오히려 어머니, 아버지 관계에 높은 관심을 보이는 4~6세 아동이 가장 치명적인 타격을 받는다고 일반적으로 알려져 있다. 그리고 부모의 이혼 당시 나이가 아주 어린 아동은 고통스러운 기억을 적게 가지기 때문에 고통을 덜 받는 편이다(Wallerstein, 1984. 김경자·임선영·김경원, 2007 재인용).

새로운 사회적 의무와
가족의 의무를 찾아내라

하지만 그것만으로는 사랑을 구할 수 없다. 소비자본주의의 정점에서 사랑의 지속 기간이 극도로 짧아진 데에는 고칠 수 없는 수많은 원인이 있었다. 우리는 수많은 서비스로 인해 혼란에 빠졌고 잦은 거처와 일자리 이동에 지쳤으며 친 가족으로부터 버림받았고 집 안에 격리되었으며 서로에 대한 책임감을 잊어버렸고 도처에 널린 포르노 사진과 매춘으로 인해 비판력이 무뎌졌으며 여가 산업의 행복에 대한 약속에 과도하게 흥분하였다. 우리는 유복한 생활의 희생물이 되고 만 것이다.

가족을 파괴한 건 극빈자들만이 아니다. 능력 있고, 학벌 좋고 매체 비판적인 지식인들, 대학졸업자들도 얼마 전에 꾸린 가정을 최단 시간 내에 다시 사랑의 중고시장에 내동댕이치고 적당히 만족스러운 방문 규정과 양육비 규정을 호주머니에 찔러넣은 채 다음의 행복 약속을 향해 제 갈 길을 간다. 까다롭고 복잡다단한 그들의 개성을 또다시 펼치기 위해.

　적어도 아이들에게 무자비하기가 이를 데 없는 이런 자아실현의 광기는 무엇보다 68세대(1968년 5월 프랑스학생운동을 주도했던 대학생들과 이에 동조해 시위와 청년문화를 이끌어갔던 당시 유럽과 미국 등의 젊은 세대)를 통한 사랑의 자유화에 그 책임이 있다고 이제는 역사가 되어버린 이 해방운동의 수많은 비판자들은 말한다. 하지만 가족 해체의 터보 변종은 자유화와 젠틀맨 마초주의가 결합되면서 비로소 탄생할 수 있었다. 그 변종이 추종자들에게 200년의 이데올로기에 숨은 장점들을 지극히 개인적인 욕망에 맞추어 축적할 수 있도록 만들어주었기 때문이다. 대부분의 사람들은 68운동이 선전했던 성의 해방, 즉 광범위한 성의 만족을 주장하는 현대의 요구야말로 가족을 파괴하는 무질서한 사랑의 주범으로 생각한다. 무질서한 사랑은 이미 오래 전에 원래의 환경을 떠나 시민 계층까지 침투했다.

　이런 소견에는 쉽사리 반박할 수 없다. 해방, 그것은 무엇보다 예전에는 초개인적으로 통하던 도덕적 의무—예를 들어 개인의 행복을 위해 노력해야 한다는 부담을 덜어주었기에 결혼 유지에 큰 몫을 했던 기독교적 의무—의 개인화를 의미한다. 반대로 후 세대인 우리들에게 모든 것은 개인 행복의 최대화를 중심으로 돌아간다. 자본주의적 행복관에서 행복과 향락은 서로 별다른 의미 차이가 없다. 가족의 이성보다 더 숭고한 개인의 행복은 그 어떤 제물도 대단하게 생각지 않는 물신이다. 행복은 결국 하나의 상품이며 삶은 그 상품을 소비하기 위해 존재한다. 때문에 오래 전부터 예정되어 온 행복 비판이 없다면 가족은 그 어떤 도움도 받을 수 없을 것이다. 자기 혼자만을 위한 행복이라니, 우리 할머니라면 그게 무슨 말인지 절대 이해하지 못했을 것이다.

복지 국가와 새로운 풍요로 안전 조치를 끝낸 전후 시대의 해방운동은 모든 집단 규범을 뒤흔들었다. 기독교적, 정치적, 사회적, 가족적 집단 규범, 쓸 만한 규범과 못 쓸 규범을 모두 포함해서 말이다. 그리고 이런 집단 규범 중 얼마나 많은 수가 실제로 쓸모없는 것으로 밝혀졌는지를 생각한다면 규범을 뒤흔들었다는 이유로 해방운동을 비난할 수는 없을 것이다. 그 책임을 해방운동에게 돌릴 수 없다. 후세대인 68운동의 적들은 우리 모두가, 그들 자신이 이 운동에게 빚지고 있는 것이 무엇인지 잊어버렸다. 놀이방, 결혼한 여성의 경제활동 권리, 미혼모에 대한 사회의 용인, 강의식 수업의 종말, 잘 어울리지 않는 여가 복장 같은 소소한 것들만이 아니다. 우리는 68의 문화혁명에 그보다 훨씬 많은 것을 빚지고 있다. 노예근성으로는 도저히 이루지 못했을 산업화된 현대 생활세계와의 영적 접속이 바로 그것이다.

하지만 자유는 우리를 고독하게 만들 수 있다. 모든 개인이 아침마다 어제 꾸린 가정을 오늘도 유지하고 싶은지, 다시 새 가정을 원하는지 생각해야 한다면 그 세계는 얼마 못 가 무너지고 말 것이다.

과거의 의무로 되돌아가지 않고도 새로운 사회적 의무와, 가족의 의무를 정당화할 수 있는지의 여부에 우리의 미래가 달려 있다.

성공을 약속하는
가족 대체 모델은 없다

지금까지도 우리는 결별을 선언한 가부장제 가족을 성공적으로 대체할 만한 대안을 알지 못한다. 전통 모델의 폐허 위에서 자라난 수많은 가족 대체 모델들은 모두가 구조 활동이나 비상 출동의 성격을 띤다. 지금까지 그 중 어느 것도 실제로 이런 구조대의 모든 구성원을 만족시키지 못했다.

가장 사고가 잦은 모델은 현대식 핵가족, 즉 편모가정이다. 현재 거의 20%의 어머니가 남편 없는 작은 가족에서 아이들을 부양하며 살고 있다. 이 여성들이야말로 진정한 영웅들이다. 엄청난 일을 해내는 과거의 가난과 새로운 가난의 가장 큰 희생자들이며, 사랑의 자유화가 낳은 결과의 비용을 고스란히 치르는 이들이다. 어디에서도 이들을 인정하고 지원하는 손길은 없다.

우리가 이들의 상황을 얼마나 인지하지 못했는지는 다음과 사실에서 알 수 있다. 직장을 다니며 홀로 아이들을 키우는 어머니들이 맞벌이 가정과 똑같은 유치원 보육비를 내면서도 세금은 가정주부 아내를 둔 결혼한 남성 동료보다 더 많이 낸다는 사실이다. 우리는 이런 영웅적 핵가족을 미래 가족 질서의 빛나는 모범으로 인정할 수 없다. 그러기에는 궁지에 몰려 탄생한 이런 잔여 공동체의 단점이 너무 크기 때문이다. 가족에게는 아이들에게 아버지가 없고 어머니에게 남편이 없으며, 둘 다에게 부담을 덜어줄 사람, 가족 간의 유대, 성숙한 가정생활이 없다는 것이다.

가족 비상 클리닉의 두 번째는 패치워크 가족이다. 이것은 사망률과 여성의 분만 위험이 높았던 그 옛날에 자연적으로 성장한 역사적 가족 형태이다. 계모, 계부, 계자녀는 가정이라는 동화의 신화적 보물이다. 현대의 패치워크 가정은 옛날의 계모, 계부 가정과 똑같이 복잡한 친척망을 갖는다. 친형제와 의붓형제, 친조부모와 의붓조부모, 친이모와 의붓이모, 친삼촌과 의붓삼촌, 친아빠와 의붓아빠, 친엄마와 의붓엄마가 등장하는 경우도 드물지 않다. 요즘에는 여기에다 가족을 버려 부재하는 친아빠와 그보다 드물기는 하지만 가족을 버린 친엄마까지 끼어들어 가족 평행 사변형에 한 자리를 요구한다.

이렇게 열거하는 것만으로 이 가족 형태의 문제점이 확연히 드러난다. 이 가족은 구성원들에게 너무 과도한 부담을 안긴다. 형제자매는 불균형의 친척관계에 있고 각기 할머니, 할아버지, 삼촌과 이모가 다르며 부모는 각 자녀들과 각기 다른 친척관계에 있고 모든 아이들에게 공통된 부모가 아니다. 아이들의 일부에게는 한쪽 부모가, 다른 일부에게는 다른 쪽 부모가 우선 권한이 있다. 전체 가정의 15%가 고도의 기술을 발휘하여 이런 친척관계의 미로를 헤쳐나가려 노력 중이다. 이 가족 형태의 큰 문제는 매일 매일의 생존 투쟁에서 친척관계의 차이를 최대한 좁혀야만 비로소 가족으로서 성공할 수 있는 기회가 온다는 사실이다. 하지만 장기적으로는 그리 성공하지 못한다.

그러나 패치워크 가정은 편모가정에 비해 큰 장점이 있다. 구성원들에게 보다 다양한 관계를 제공할 수 있다. 비록 전부 진품은 아니지만 어쨌든 엄마, 아빠가 다 있다. 또 교체되는 가족 일부에게 사랑의 섬이 되어준다. 그리고 모든 가족 구성원이 다방면으로 교류하며 서로에게 용기를 주고 부담을 덜어줄 수 있는 기회를 제공한다. 하지만 편모가정은 겪지 않아도 될 문제, 즉 제멋대로의 친척관계라는 문제를 안고 있다. 때문에 이 역시 결국에는 하나의 대체 가정일 뿐이다. 내부에는 진짜 가정을 담고 있지만 근본적으로는 수선팀의 역할을 맡는다는 딜레마에서 완전히 자유로울 수 없다.

입양아를 안고 있는 동성애 커플을 제외한다면 지금까지 부모와 자식으로 구성된 전통적 가정 모델을 대체할 만한 성공적 후속 모델은 나타나지 않았다. 사랑을 구원할 수 없다면, 가족을 새롭게 구상할 수 없다면 우리는 이 후속 모델을 열심히 찾아야만 할 것이다.

한국의 한부모가정 실태

한국의 경우 2005년 통계청의 인구주택총조사 결과에 따르면 한부모가구수는 총 가구의 8.6%인 1,370가구에 이르고 이 중 모자가족이 1,083(79.1%)가구로 부자녀가구(287가구, 20.9%)보다 많은 비율을 차지하고 있다.

한국여성정책연구원의 연구(이혼 후 자녀양육실태조사, 2006)에 따르면 이혼 후 여성의 사회경제적 지위에 있어 여성 한부모가족은 가정생활을 위해 이혼 전(50.9%) 보다 이혼 후(82.8%) 취업하는 비율이 크게 증가하지만 절반 이상(65.0%)이 임시일용직에 종사하고 월 평균근로소득은 100만 원 이하에 이르러 이혼 이후 새로 취업하는 여성들은 불안정한 고용상태에 있음을 보여주고 있다. 반면 남성은 이혼 전이나 후의 취업자 비율이 90% 전후로 비교적 안정적이며, 근로소득은 32.8%가 131만~200만 원이고 29.9%가 201만 원 이상으로 나타나 여성에 비해 상대적으로 고용 및 경제문제가 덜 심각한 것으로 나타났다.

또한, 이혼한 부모로서 자녀양육 문제를 빼놓을 수 없는데 한부모로서 자녀양육의 가장 큰 어려움은 자녀양육비 부담(88.6%)이고, 한부모가족 지원책으로 가장 요구도가 큰 것 역시 경제적 지원(65.4%)으로 나타났다. 실제로 이들 가족에서 자녀양육비로 지출하는 월평균 비용은 30만 원 이하가 37.5%, 31만~50만 원이 33.3%이며, 51만 원 이상이라는 응답도 29.8%에 달하고, 양육비용은 자녀수와 자녀연령에 따라 큰 차이를 보이는데, 자녀수가 3명 이상인 가족의 경우 자녀양육비로 월평균 51만~80만 원을 지출한다는 응답이 45.5%로 가장 높게 나타났으며, 자녀가 청소년기인 경우에 31만~50만 원이 34.5%에 이른다.

그만큼 한국사회에서 여성 혼자 자녀를 키운다는 것은 불안정한 사회 경제적 위치로 인해 가계소득이 적어 자녀양육의 어려움을 크게 경험하고 있음을 알 수 있다.

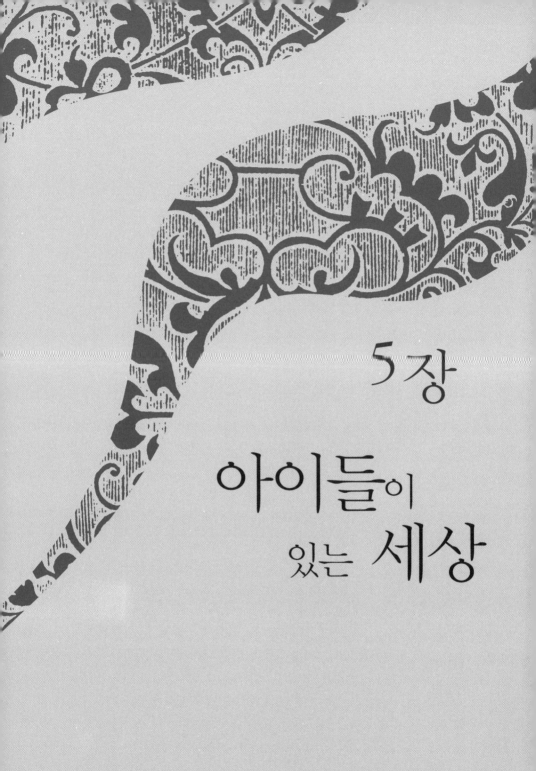

5장

아이들이
있는 세상

그럼에도
왜 아이를 낳을까?

그런데 사람들은 왜 아이를 낳을까? 오늘날의 가족이 어떤 꼴인지 너무나 잘 알고 있으면서 왜 아이를 낳는 걸까?

출산에 반대하고 앞으로도 계속 반대할 모든 이유를 볼 때 아이를 낳는다는 것은 차라리 기적이다. 우리에게는 맹목적으로 믿을 수 있는 가족이 없다. 자부심을 가지고 지켜온 농장을 물려줄 필요도 없다. 정확히 말해 우리에게는 안정된 가족도, 애써 지킬 가치가 있는 재산도 없다. 우리에게는 유효기간이 얼마 남지 않은 얼굴 없는 복지 말고는 남겨줄 것이 없다. 그걸 물려주자고 굳이 아이를 낳아야 할까?

사무실에서, 부엌에서 우리를 도와줄 자식의 손길 정도는 덤덤하게 포기할 수 있다. 우리는 늙어 자식의 간병을 누리지 않을 것이다. 자식들이 자기들 책상 옆이나 회의실 안에 우리의 병상을 차릴 수는 없을 것이기 때문이다. 아무리 둘러봐도 아이를 낳을 합리적인 이유가 없다. 이 물질주의 시대에 걸맞을 경제적 이유가 없는 것이다. 오히려 그 반대다. 합리적 관점으로 볼 때 출산은 단점들만 쏟아낸다.

우선 아이를 갖는 순간부터 엄청난 비용이 든다. 무엇보다 너무 많은 시간을 뺏기게 된다. 시간은 인생 전체 시간의 총계가 정해져 있기 때문에 어딘가 다른 부분에 할당된 시간에서 억지로 빼내야만 하는 것이다. 예를 들어 잠을 덜 자거나 일을 덜 하거나 책을 덜 읽거나 글을 덜 쓰거나 명상을 덜 하거나 수다를 덜 떨거나 산책을 덜 하거나 외출을 덜 하거나 연극, 영화를 덜 보거나 미술관을 덜 가는 등, 두 처에서 약간씩 빼내지만 전체적으로 보면 상당히 많은 부분을 빼내야만 하는 것이다.

다른 비용, 진짜 비용은 아직 꺼내놓지 않았다. 아이를 위한 장화, 승마화, 겨울 부츠, 운동화, 여름 샌들, 가죽 구두, 욕실화, 실내화, 발레슈즈, 바이올린, 사과주스, 자유수영권, 승마 수업, 자전거. 이런 것들에는 다들 익숙해진다.

아이를 낳아서 생기는 단점의 목록은 상당히 길다. 아이가 놀이터에서 노는 동안 내내 기다려야만 하는 따분함, 자동차 안에 널부러져 있는 벤저민 꽃들, 플레이 모빌과 함께 해야 하는 아침식사, 주말의 북적이는 동물원. 행복한 가정생활의 이 흔하디흔한 공포물 종합세트를 모르는 사람은 없을 것들이다. 하지만 이 단점들에는 믿을 수 없는 장점이 하나 있다. 바로 남김없이 열거할 수 있다는 점이다. 단점에는 모두 이름이 붙어 있다.

장점들은 그렇지가 못하다. 일반적으로 거의 이름 붙일 수가 없기 때문이다. 대부분의 경우 완전히 비합리적으로 보인다. 모두가 느낌과 동경 쪽에 속한다. 이 사실은 한 가지 이상한 계산법만 예로 들어도 당장 설명이 가능하다. 아이 한 명당 대학교를 보낼 때까지 드는 비용이 16만에서 32만 유로라고 한다. 대략 1인 가구의 생활비와 맞먹는다. 이 비용에 대한 불평이 여기저기서 난무한다. 언젠가 주유소 계산대의 한 젊은 여성은 내게 이 비용 때문에라도 아이를 낳지 않겠다고 말했다. 반대로 한번 해보자. 한 엄마에게 20만 유로를 줄 테니 여섯 살 난 아이를 달라고 제안해 보라. 엄마는 미소를 지으며 거절할 것이다.

두 가지 입장에는 경제적 세계관과 부모로서의 세계관 차이가 존재한다. 부모는 일 습관과 여가 습관만 바꾸는 게 아니다. 부모는 공식적인 경제적 시간 계산법을 버리고 만다. 후기 자본주의 시대에 통용되는 화폐는 더 이상 부모의 것이 아니다. 부모는 계산을 중단한다. 더 정확히 말해 일을 돈과 명예로만 계산하지 않고 시간과 사랑으로도 계산한다. 근본적으로 부모는 경제원칙에서 발을 뺀 사람들이다.

그 정도로 결과가 심각하며 우리 삶의 논리로는 더 이상 예상하지 못할 발걸음을 옮기도록 독려하는 것이 무엇인가? 이유는 지극히 개인적이지만 그렇다고 해서 끝이 없는 건 아니다. 가문의 보존이라는 구태의연한 이유는 이미 설득력을 상실했다.

무슨 가문이 있으며 무엇을 지켜야 한단 말인가? 성姓은 허망하고 바뀔 수도 있으며 이미 종적을 감추어버린 성들도 많다. 전통 있는 가문 출신이 아니라면 말이다.

무엇 때문에 정상적 인간인 우리는 뻔히 알면서도 자녀가 없음으로써 갖게 되는 시간, 경제적 이익을 포기하는 것일까? 세계관적, 즉 이념적 근거가 대가족을 유지시키는 경우가 많다. 신교 목사의 가문은 전통적으로 아이들이 많고, 슈타이너 식 자연주의 교육을 추구하는 가정에서는 흔히 아이를 네다섯 명까지 낳는다. 하지만 이건 비주류들의 입장이다.

여기 한 커플이 있다. 여자는 서른여섯, 남자는 서른여덟이며 둘 다 대학을 졸업한 직장인으로 여자는 과학 전문 출판사에서 일하고 남자는 교수로 일하는 중산층 커플이다. 그런데 왜 이들이 경제적 합리성에 어긋나게도 첫아이를 계획하는 것일까? 서로에 대한 사랑 때문일까? 따분한 주말, 뉴스가 끝난 후 각자 책상에 앉아 자기 일을 하면서 보내는 그 수많은 밤들이 서글퍼서일까? 벌써 두 번이나 다녀온 아프리카 여행에 진력이 나서? 그저 자신에게 만족하지 못해서일까? 이런 상태로 30년을 더 살 수는 없다고 생각하게 된 것일까? 그저 뭔가 다른 것이 있어야만 할 것 같아서였을까?

한국의 자녀 교육비 현실

한국의 경우 2007년 삼성증권에서 조사한 '여성투자자 재테크 설문조사' 결과에 따르면 여성들은 자녀 1명의 교육비(사교육비를 포함해 초등학교에서 대학교까지의 비용)로 '1억 5천만~2억 원'(31.5% 응답)을 예상한 경우가 가장 많았다. 이어 '1억~1억 5천만 원'(28.7%), '1억 원 이내'(18.5%) 순이었으며 '2억 5천만 원 이상'이 들 것이라고 답한 경우도 13.7%에 달했다.

이처럼 자녀 교육비가 많이 들어가기 때문에 가계소득(급여)에서 교육비가 차지하는 비중도 꽤 높았다. 교육비 비중이 '소득의 15~25% 이내'라는 응답자가 34.2%로 가장 많았으며 '15% 이내'

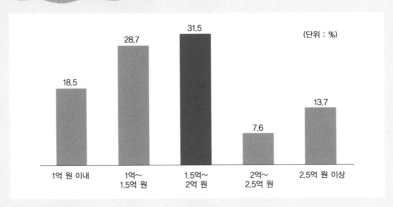

자료 16 자녀 1명당 교육비 전망

(단위 : %)

- 1억 원 이내: 18.5
- 1억~1.5억 원: 28.7
- 1.5억~2억 원: 31.5
- 2억~2.5억 원: 7.6
- 2.5억 원 이상: 13.7

※사교육비 포함

*출처 : 삼성증권, 〈여성투자자 재테크 설문조사〉, 〈매일경제〉 2007. 10. 8

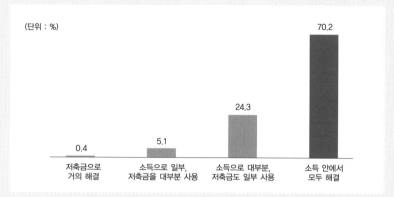

자료 17 자녀 교육비 재원 마련

(단위 : %)

- 저축금으로 거의 해결: 0.4
- 소득으로 일부, 저축금을 대부분 사용: 5.1
- 소득으로 대부분, 저축금도 일부 사용: 24.3
- 소득 안에서 모두 해결: 70.2

＊출처 : 삼성증권, 〈여성투자자 재테크 설문조사〉, 〈매일경제〉 2007. 10. 8

32.7%, '25~35% 이내'가 22%를 기록했다. 소득 중 45% 이상을 교육비로 지출한다고 답한 사람도 5.5%를 차지했다. 이러한 결과는 자녀 1명에 대한 대학까지의 교육비가 상당하고, 수입의 많은 비율을 자녀교육비로 쓰고 있음을 보여준다. 더구나 교육비 재원 마련이 '소득 안에서 모두 해결' 하고 있는 경우가 70.2%에 달해 가계운영의 어려움이 매우 클 것으로 보인다.

아이가 있으면
일일이 의미를 묻지 않는다

앞서 말했듯 첫딸을 낳았을 때 내 나이는 이미 서른여섯이었다. 직장에서도 잘나갔고 사는 데 아무런 불편이 없었다. 그럼에도 나는 준비 단계에 머물러 있다는, 일종의 '……를 위하여' 구조의 한 지점에 머물러 있다는 느낌을 떨쳐버리지 못했다. 매사 즐거운 마음으로 임했지만 그 모든 걸 다른 무언가를 위해서 하고 있는 느낌이었다. 무엇을 위해서? 오래도록 그걸 알지 못했다.

가능한 것들을 전부 필요로 하지는 않는다는 사실만 알았다. 예를 들어 제대로 된 침대가 나에게는 필요 없었다. 바닥에 매트리스만 깔면 그걸로 충분했다. 제대로 된 인생이 앞으로 찾아올 것이기 때문이었다. 그래서 지금은 침대가 필요 없었다. 식탁도 마찬가지였다. 책상에서 밥을 먹어서는 안 되는 이유가 무엇이란 말인가? 벽돌 위에 합판 하나만 깔면 책상이 되었다. 일은 어디서나 할 수 있었다. 어차

피 할 것이라고는 일밖에 없었다. 심지어 꿈에서도 일을 했다. 그렇게 나는 서른여섯이 될 때까지 바닥에 매트리스를 깔고 잠을 잤고 캠핑 식탁에서 아침을 먹었으며 책상으로 쓰는 합판에서 저녁을 먹었고 주말에는 발코니에서 신문을 탐독했다.

그저 내가 물질적 삶에 큰 의미를 부여하지 않으며, 사치품이 주는 기쁨을 받아들일 최소한의 능력도 없었기 때문이라고 반박할 수도 있겠다. 그 말도 옳다. 하지만 뭔가 다른 이유도 있었다. 나는 좀더 신분에 어울리는, 좀더 향락적인 살림살이에 드는 일체의 비용이 무의미하다고 생각했다. 무엇 때문에 다 자란 어른 둘이 그런 호강을 해야 하나? 꼭 실내를 멋지게 꾸미고 비싼 재료로 요리를 하고 값비싼 재료로 꾸며진 부엌에서 서성거리며 우아한 접시에 밥을 먹고 세련된 유리잔으로 물을 마셔야 하는가?

이런 쾌락주의가 대체 무엇에 좋단 말인가? 물론 삶에 기쁨을 줄 것이다. 하지만 그런 맛에 길들여진 단기간의 순수한 기쁨은 이제 다시 어디로 나아가야 한단 말인가? 적절한 대답이 떠오르지 않았다. 나는 자신을 소모하는, 자신을 향유하는 삶이 정말 마음에 들지 않았다. 일은 마음에 들었다. 하지만 세상 어느 누가 일만 하며 살 수 있겠는가?

그런 질문에 이르자 아이를 갖고 싶다는 소망이 피어났다. 인생의 의미도 묻게 되었다. 무엇을 위해 나는 이 모든 일을 하는가? 이 모든 것은 어디에 이를 것인가? 내 인생은 무엇으로 이루어져 있나? 서른 중반부터 일주일에 한 번씩 이런 의문이 들면서 피임약을 먹어야 한다는 사실을 잊기 시작했다.

　오해를 피하기 위해 한마디 덧붙여야겠다. 물론 아이가 결핍된 인생의 의미를 대체하지는 않는다. 문제는 더 복잡하고도 더 간단하다. 아이는 인생의 의미를 묻는 질문에 대답을 줄 수 없다. 아이가 있다는 것은 그저 결핍된 인생의 의미를 더 이상 묻지 않는다는 의미일 뿐이다. 그 이유는 아주 간단하면서도 신비롭다. 아이가 곧 삶이기 때문이다. 전심전력으로 현존하는 삶, 어쨌든 이런 총체적 현존의 의미를 묻는 모든 질문이 쓸모없을 정도로 현존하는 삶이다. 아이는 코스 요리나 오픈카를 타고 떠나는 휴가, 발리에서 받은 아로마 치료, 성공을 선사하지 않는다.

　아무것도 선사하지 않는다. 배경을 캐물을 수 없는, 더 이상 멈출 수 없는 현존, 자식이라는 그 현존이 선사하는 이런 압도적인 힘은.

아이가 주는 행복은
체험해 보지 않으면 모른다

아이가 안겨주는 실존적 체험은 압도적일지는 몰라도 말로는 적절히 설명이 안 된다. 지난 몇 년간 육아의 문제점들만 거론되었을 뿐 아이가 의미하는 행복에 대해서는 거의 거론된 바가 없다는 사실에 불만을 표하는 부모들이 적지 않았다. 부모들이 거론하지 않는데 어떻게 행복의 개념이 전혀 다른, 부모가 아닌 사람들이 엄청난 부자유와 노고가 수반되는 육아의 기쁨을 이해하겠는가?

지난 몇 년간 아이 문제에 관한 대중매체의 보도는 자식을 낳고 싶은 소망을 일깨우기보다는 저개발국의 인구 폭발 문제를 해결하기에 더 적합했다는 항의도 틀리지 않다. 스파게티 요리, 숙제 봐주기, 안아주기, 크리스마스 별 접기 사이를 오가는 자연스러운 가족의 생리작용을 광고 목적으로 자세히 보도하려는 모든 노고는 지금까지 별 성공을 거두지 못했다. 그러므로 독일 현대문학, 독일 영화, 독일 드라마들이 지금껏 아이 문제를 애써 외면해 왔고 가족을 주로 폭력과 정신적 폐허의 장소로 그리고 있는 것이 우연은 아니다.

소수의 예외를 제외하면 독일 문학에는 여전히 부모의 경험을 기록할 만한 확실한 언어가 없다. 가족의 공동생활에 대한 공식적인 묘사는 이상화와 악마화 사이를 오락가락한다. 대중매체에 등장하는 가족의 묘사는 허약하기가 이를 데 없다. 설득력 있는 가족의 미학은 좀처럼 발견하기 어려우며 강제로 얻어낼 수도 없다.

그럼에도 부모들은 부모가 아닌 사람들에게 부모의 비밀을 이해시키려 쉬지 않고 노력한다. 한 어머니는 이렇게 말했다.

"내가 아이를 낳은 건 아이들이 말할 수 없는 기쁨을 주기 때문이야. 때로 아이들은 정말 사람을 미치게 만들지만, 대신 얼굴에 웃어서 생긴 깊은 주름을 선사해 주고 나의 영혼을 어루만져 줘요."

또 다른 엄마는 "밤마다 아이가 품으로 파고들 때마다 말할 수 없는 기쁨을 느껴요", "아이와 함께 있다는 것은 매일 매일 새로운 일을 경험할 수 있는 유일한 기회가 되지요" 하고 자랑한다.

한 아버지는 아이를 갖고 싶다는 욕망이 거부할 수 없는 무게로 다가왔던 한 순간을 이렇게 묘사했다.

"어느 추운 겨울 저녁, 독일 대도시의 시끄러운 교차로에 서서 투덜대는 사람들, 신경이 곤두서 있는 지친 사람들, 그러니까 행복하지 않은 사람들의 얼굴을 바라보고 있는데 미소를 머금은 한 남자의 어깨에 앉아 그저 즐거운 표정으로 아빠의 머리카락을 잡아당기며 웃고 있는 어린아이가 눈에 들어왔다. 그 순간, 아이를 갖고 싶다는 욕망이 엄청난 무게로 우리를 강타하면서, 다섯 번째 직업과 여섯 번째 직업, 원거리 연애와 인터넷 데이트 사이 어딘가에서 터보 자본주의로 인해 가속화되고 감정이 결핍된 노예인 우리가 잃어버린 모든 것을 상기시킨다."

1883년 미국의 여류 시인 에밀리 디킨슨Emily Dickinson은 여덟 살의 나이로 세상을 떠난 조카와의 행복했던 경험을 대부분의 아이들에게 딱 들어맞는 한 문장의 공식으로 요약했다. "그 아이는 인색한 순간을 몰랐다."

그런 말들에서 읽을 수 있는 것은 무엇보다 부모노릇의 경험 지식은 전달할 수가 없다는 사실, 각자의 경험 지식밖에는 존재하지 않는다는 사실이다. 내 경우도 아이를 낳고 싶다는 소망이 그다지 극적이지 않았다. 오히려 아이를 낳고 싶다는 소망을 신체적 필요처럼 경험했다. 당연하기에 이유를 캐물을 필요도 없는 수면 욕구처럼, 혹은 숨을 쉬고 싶거나 사랑을 나누고 싶다는 자연스런 욕구처럼 말이다. 내가 아이들과 함께 경험한 행복은 매일 아침 7시에 아침을 먹을 때마다 정해놓고 불러낼 수 있는 안정된 행복이 아니다. 그것은 수많은 예상치 못했던 순간, 때로 득도의 순간에 찾아온 계획할 수 없는 행복이다. 아이들이 던진 한 마디 말, 감동적인 그림 한 장, 아이들이 만든 춤, 아이들이 지은 미로……

아이들은 삶을 완전히 뒤바꾼다. 하지만 이상하게도 부모들은 부모가 아닌 사람들도 납득할 수 있는 방법으로는 그 변화를 설명할 수 없다. 부모는 아이들을 향한 사랑을, 때론 대책 없이, 때론 폭발할 듯한 분노로, 때론 엄숙함을, 때론 완전히 정신을 교란시키는 아이들에 대한 깊은 사랑을 아주 질 나쁜 번역, 애매모호한 표현으로밖에 전달하지 못한다. 그러기에 벽에 실컷 낙서하고, 떼쓰고, 환하게 웃고, 신경질 부리고, 장난감을 집어 던지는 난쟁이들과의—상품 경제에서 완전히 벗어난—행복을 들려주며, 아이들과의 삶을 오롯이 선전하기란 매우 힘이 든다.

그래서 냉철한 판단이 가능한 부모들은 절대로 그런 시도를 하지 않는다. 오히려 부모노릇의 냉철한 결산을 위해 애쓴다. 아이가 넷이고 교외에 집을 한 채 소유한 한 부부는 자신들의 인생 콘셉트를 선전하며 이렇게 요약될 수 있을 경쟁 모델을 내던져버렸다.

"서른 즈음 출발해서 또 하나의 전공과 또 하나의 학위, 해외 비즈니스, 소비 테러, 신분 사냥, 지위 경쟁을 한다. 마흔 무렵에는 중년의 위기와 이혼 전쟁을 겪는다. 몸매는 망가지고 아름다움은 물러나고 헬스클럽, 싸움과 화해, 오토바이 마니아와 요가 선생이 지배한다. 쉰 무렵 체념, 고독한 늑대가 여행 동반자를 찾는다. 보톡스와 성형수술, 서바이벌 여행과 익스트림 스포츠, 예순 무렵 심부전증을 앓는다."

하지만 나는 아이를 낳지 않은 사람들이 이런 글을 읽고 제정신을 차려서 부모의 대열에 서게 될 것이라고는 생각하지 않는다. 오늘날 아이를 낳는 것이 의미 있는 일이라고 객관적 시각에서 설명할 수 있는 근거는 없다. 유일하게 존재하는 것은 아이와의 삶이 의미하는 현존을 향한 동경, 주관적으로 공감할 수밖에 없는 동경뿐이다.

부모는 이해득실을
따지지 않는다

앞에서 말한 온갖 내용에도 불구하고 왜 점점 더 많은 사람들이 이런 실존적 체험을 꺼리는지 이해하기란 매우 힘들다. 인류가 존재한 이후 수십 억 년 동안 지금 이곳보다 더한 물질적·사회적 보장, 이보다 더한 편리와 풍요는 없었다. 물론 맞벌이 부부보다는 아이 때문에 한쪽이 직업을 포기한 가정이 더 힘들다. 그럼에도 물질적 어려움 때문에 아이들을 낳지 않겠다는 주장은 거짓이다.

분명히 다른 이유들이 있다. 주요인은 물질적 결핍이 아니다. 주요인은 물질주의, 아이를 사랑할 수 없는 사람으로 만드는 우리의 이기심이다. 우리의 아이 없는 미래에 저주를 퍼붓는 건 물질적 어려움이 아니라 어려움을 피하고 싶은 우리의 근심의 덕이 더 크다. 조심하라고 경고하는 것은 가난이 아니라 부를 향한, 더더욱 많은 부를 향한 우리의 노력이다. 우리에게 자식이 없는 주요인은 최고의 물질적 이득을 추구하는 일반 경쟁에서 아이 때문에 뒤처질지도 모른다는 두려움이다.

그리고 이런 두려움은 매우 정당하다. 그것은 경쟁사회가 낳은 위험한 결과가 아니라 우리 경쟁사회를 이끄는 원동력이 되고 있다. 이런 두려움을 보상금으로 몰아낼 수 있다고 믿으며, 인생의 백화점에서 지원 특가품을 제공하면 아이를 낳을 것이라고 희망하는 가족부장관은 그 자신이 아이를 사라지게 만든 물질만능주의적 사고의 희생물임을 알아야만 한다.

아이들은 할인품이 아니다. 그리고 그 누구에게도 아이가 할인품이라고 속일 수 없다. 얼마의 상여금과 위로금을 약속하건 아이를 원하는 사람은 물질주의적 이해득실에서 벗어나 있다. 아이들이 많으면 사회 전체는 먼 미래에 이득을 볼 수 있지만 오늘날 개인에게 아이는 여전히 밑지는 장사이다. 그리고 후손을 위해 돈을 쓰지 않으려는 사람은 후손을 포기할 것이다. 바로 이것이 지금 일어나고 있는 과정의 결정적인 이유이다. 그리고 아무도 이런 과정을 되돌릴 수 없을 것이다. 이런 과정을 있게 한 논리를 거꾸로 되돌리지 않는다면 말이다.

질문을 거꾸로 해보자.

아이가 어떤 이득을 주는지 물을 것이 아니라 우리가 어떻게 해야 이해타산의 쳇바퀴에서 벗어날 수 있는지를 물어야 한다. 이해타산은 부엌을 정돈하지 않는 게으름이나 의욕상실처럼 용서할 수 있는 변덕이 아니기 때문이다. 그것은 몇 백만 년 전부터 이어온 정당한 우리 실존의 기반이다.

우리 조상들도 우리보다 나은 사람들은 아니었다. 그들도 면면히 손익을 따졌고 이해타산의 방향에 따라 전쟁을 하고 기업을 설립했다. 하지만 당시만 해도 가정을 꾸리고 자식을 낳는 일이 경제적인 손익법에 지금처럼 큰 영향을 주지는 않았다. 오히려 자식은 가문, 가족, 가족기업의 지역적 생존 기반이 되었다. 가문을 따지지 않는 시대, 각종 의무보험이 넘쳐나며 인류 역사상 그 어느 때보다 전 세계적인 일자리와 이혼율이 늘어나는 오늘날 이런 논리에 자식은 더 이상 통하지 않는다, 오늘날에는 어떻게 세상을 헤쳐 나갈지를 혼자서 책임지고 결정해야만 한다. 그리고 혼자서 헤쳐 나가는 편이 그 어떤 조직과 비교할 수 없을 만큼 월등히 유리하다.

혼자라야 전 세계에 널린 매력적인 일자리를 얼른 낚아채어 3년은 홍콩에서, 2년은 뮌헨에서, 4년은 뉴욕에서 일할 수 있는 조건이 된다. 혹시 국제적 수준이 안 된다면 그 사이 중산층 대졸자들이 흔히 그러하듯 2년은 함부르크에서, 2년은 프랑크푸르트에서, 5년은 베를린에서 일하는 국내 유목민도 혼자라면 가능하다. 혹은 아이가 없고, 성공의 길을 달리는 매력적인 여자친구와 느슨하고도 자극적인 원거리 연애를 하고 있다고 해도 아무 문제가 없다. 그러나 이 모든 조건에 아이들과 친인척과 맞벌이 부모가 등장하면 그것은 재앙의 씨앗이 된다.

아이가 생김으로써 환영할 만한
영적 동요가 시작된다

우리를 번식 거부자로 만든 것은 단순히 아이로 인해 심각한 손실을 입는 은행 잔고 현황만이 아니다. 우리는 최대한 다윈주의적(적자생존적) 경제 원칙을 지향하지만 그렇다고 해서 그 정도로 멍청하지는 않다. 정말로 무언가를 원한다면 보통은 물질적 희생을 꺼리지 않는다. 그러므로 날로 많은 수의 사람들이, 각양각색의 신나는 여가 활용을 하면서 동시에 아이도 낳을 수 있다는 분명한 사실을 망각하고 있다면 거기에는 무언가 다른 이유가 있는 것이 분명하다.

이런 망각은 우리 과거와도, 역시나 망각하고 있던 앞서 말한 우리 세대의 유년기와도 어느 정도 관련이 있을 수 있다. 예를 들어 우리는 생생한 체험의 기회를 놓치고 있다. 우리의 인생에는 앞서 말한 대로 아주 많은 원초적 끈들이 끊겨 있다. 인공적으로 가려져 있는 섹스와 번식의 끈, 식물과 열매의 끈, 삶과 죽음, 느낌과 지식의 끈들이 말이다.

지금의 우리는 자연스러운 인생의 순환 과정으로부터 멀리 떨어져 있다. 우리의 식습관은 계절을 알지 못하고 풍족과 결핍의 교대를, 풍요로운 계절과 궁핍한 계절의 교대를 알지 못한다. 우리는 인간의 인생 단계와 노화의 사이클을 조작하려 애쓰고, 제약산업 덕분에 가임 기간의 리듬에 신경 쓰지 않으며, 신생아의 출산과 육아의 지식을 임산부 강좌나 정확지 않은 실용서들을 통해 힘들게 얻어내야 한다.

성, 영양, 번식, 출산, 죽음에 이르기까지 삶의 중심을 차지하는 생활영역은 모조리 기술에 맡겨버리고, 우리는 스스로 무지한 자가 되어버렸다. 최신 장비를 모두 갖춘 위생적인 수술실에서 제왕절개로 배를 갈라 아이를 꺼내고, 마지막 숨을 몰아쉬는 순간까지 호스와 모니터에 매달려야 하는 기계 공원의 사회에서 살고 있다. 물론 이 모든 것에는 축복의 일면들이 있다. 하지만 더 이상 인생 순환의 원초적 경험이 불가능한 이 사회가 출산을 잊어버렸다고 해도 새삼 놀라운 일이 아니다.

많은 부모들이 부모가 되면서 본능과 인식의 재자연화가 시작되었노라고 말한다. 갑자기 계절의 변화에, 생물학적 리듬에, 들판의 노루에, 요구르트에 들어간 향신료에, 집과 슈퍼마켓 사이에 놓인 아스팔트 사막에 관심을 갖게 된다.

부모가 되면 여유, 유연성, 배려, 애정, 공감처럼 전혀 몰랐거나 오래도록 묻혀 있던 자기 안의 특성들을 발견한다. 내면생활과 더 가까워지며, 자신이 '생명력의 사슬', '삶과 죽음, 탄생과 유한함의 사이클'에 붙들려 있는 존재임을 가까이서 느끼게 된다. 아이가 생김으로써 아주 환영할 만한 영적 동요가 시작되는 것이다.

부모는 자기 인생을 다시는 알아보지 못한다

분명히 인구 걱정 때문에 아이를 낳을 사람은 없을 것이다.

출산의 기여가 없이는 이주민의 통합이 불가능하다는 주장도, 아이를 낳는 것이 사회적, 연금정책적, 민족적 의무일 수 있다는 주장도 훌륭한 출산의 근거가 될 수는 없다. 교양 있는 상류층에게 현재 문명의 수준을 떨어뜨리지 않으려면 자식을 낳아야 한다고 아무리 크게 외쳐도, 이내 사그라지고 만다. 어떠한 선동도 국가의 보조도 젊은 교양인들을 분만실로 몰아넣는 방법이 되지 못한다.

생사가 달린 문제에 돈 몇 푼 혹은 몇 마디 묵시론적 예언이 무슨 대수란 말인가? 결국 뒤처리는 늘 혼자의 몫이 된다. 부모노릇을 이미 결행한 사람들은 그게 무슨 뜻인지 잘 알고 있다. 자기 인생을 다시는 알아보지 못하게 된다. 살아오면서 그것에 대한 우리의 대비는 충분하지 않았다. 지금껏 우리가 경험했던 모든 것은 다른 언어로 말을 했다. 그 동안의 우리 인생도 힘들 때가 많았을 것이다. 우리는 열심히 일했고 일에 매진했으며 직장일이건 여가활동이건 자주 가능성의 경계에 도전하였다. 그 정도는 아무것도 아니었다. 늘 뭔가 다른 것이 더 있었다. 긴긴 밤 홀로 포도주 마시며 음악을 들었고, 일요일 오전에 침대에서 뒹굴었으며, 풀장의 긴 의자에 누워 명상에 젖어도 보았고, 북해 해변에서 사랑에 빠져 주말을 보내기도 했으며, 홀로 등산을 했고 친구들과 지칠 때까지 쉬지 않고 수다를 떨었다.

이 모든 것이 하루아침에 중단되고, 그러고 나면 아주 긴 시간 동안 다시는 돌아오지 않는다. 첫아이가 태어나자마자 시계는 돌아간다. 밤새 세 번에서 여섯 번을 깨어야 하지만 아침은 여섯 시나 일곱 시에 벌써 시작된다. 정오 무렵이나 돼야 90분 정도의 휴식(아이의 낮잠 시간)이 간신히 있고, 저녁 8시만 되면 아이와 함께 수도 없이 불러 재낀 자장가에 함께 꾸벅거린다. 그렇게 몇 년이 흘러가야 한다. 예전이라면 상상도 할 수 없었던 일들이다.

물론 우리는 자식을 세상 그 무엇보다 사랑한다. 하지만 단 한 번도 인생에서 그렇게 값비싼 대가를 지불해야 했던 것은 없었다.

우리 조상들은 어떻게 이런 일들을 견뎌냈을까? 아마도 우리 조상들은 인류 역사상 가장 풍요로운 시대에 태어난 우리처럼 포도주와 풀장 같은 나쁜 습관과 과잉보호에 젖어 있지 않았을 것이다. 아이가 있건 없건 그들은 늘 일을 해야 했을 것이다. 하지만 우리와 그들을 갈라놓는 건 복지의 구분만은 아니다. 그들은 사회적으로는 물론이고 정신적으로도 우리보다 훨씬 가정을 꾸릴 준비가 잘 되어 있었다.

그 옛날 하류층 및 중류층 사람들은 인간에게 포도주를 마시며 한적하게 저녁시간을 보내고 해변에서 휴가를 즐길 권리가 있다는 상상조차 해본 적이 없었을 것이다. 내가 밤이면 향수에 젖어 딸들에게 자주 읽어주는 20세기 초의 로맨스 소설에서는 긴 양말의 행복과 인형 놀이의 즐거움 사이에 펼쳐지는 모든 소녀들이 경력이 흔들림 없이 엄마노릇을 향해 굴러간다. 대 부르주아 시대(부르주아의 상승기, 시민사회 초기)에 어머니 노릇을 뺀 여성의 이력은 사회 최하위계층, 즉 창녀와 하녀에게서만 가능했다.

우리 세대의 자기실험은
역사상 유례가 없다

1896년, 그러니까 지금으로부터 110여 년도 더 전에 독일에서는 최초의 여성 대졸자가 나왔다. 우리 할머니와 이모할머니들은 그 대열에 끼지 못했고, 훗날 우리 엄마와 이모들은 그 대열에 동참했다. 하지만 여성의 대학 공부가 일반화된 것은 우리들 손녀 세대에 와서부터였다. 역사상 단 한 번도 지난 몇십 년간처럼 여성의 교육수준이 단기간 안에 높아진 유례가 없었다.

그 결과는 우리 가족사에도 그대로 반영되었다. 우리 할머니는 일생에 단 한 번 결혼했는데, 우리 부모님이 막 금혼식을 준비할 무렵 우리 언니는 이미 두 번째 결혼을 했고 나는 두 남자한테서 세 아이를 낳은 상태였다. 우리 할머니는 한 번도 직장생활을 해본 적이 없었고 우리 엄마는 자식들 때문에 직장을 포기했지만, 우리 언니와 나는 세 아이의 엄마노릇과 직장생활을 오가는 줄타기를 시험 중이다.

우리는 그간 여성의 교육, 직업, 육아, 이혼율에는 직접적인 연관성이 존재한다는 것을 알았다.

남자처럼 일하는 여자와 어머니라는 이중 역할에 어떻게 대응하든 확실한 것은 지금 우리에게는 모델이 없다는 사실이다. 우리 가족들 중에도, 다른 어느 곳에도, 우리 세대가 시작한 자기실험은 세계 역사상 그 유례가 없다. 말 그대로 영점에서 시작했다. 역사를 아무리 살펴도 지금 우리 여성에게 어떻게 해야 할지 가르쳐줄 만한 사람은 없다. 여성의 이력과 사회에 너무나도 중요한 이런 변혁을 우리는 아무런 도움도 없이 이루어내야 한다.

하지만 실험의 의미와 전무후무함에 비해 이 실험에 대한 관심은 여전히 빈약하기 이를 데 없다. 아무리 살펴봐도 선정성을 좇는 행인들뿐이다. 그들은 수백 년을 이어온 성역할 원칙을 바꾸려는 우리의 실험이 상당히 엇나가고 있다는 사실을 확인하기 위해 얼쩡거리는 사람들이라고 봐야 한다.

그리고 그들이 옳다. 해방의 길에서 사고가 일어날 확률은 엄청나게 높다. 번식과 가정생활처럼 인간이라면 너무도 당연한 것들을 문제시한다는 점에서 이 구간의 난이도는 무지막지하게 높다. 최근 들어 여성 해방 전의 상태로, 우리 조상들의 전업주부제 결혼으로 되돌아가자는 목소리가 높아진 것도 무리는 아니다.

하지만 전업주부제 결혼모델을 선전하는 사람들조차도 그런 결혼을 절대로 직접 실천하지는 않는다는 데 난점이 있다. 그들은 항상 다른 사람들에게만 권할 뿐이다.

전업주부들이 아이들과 더 많은 시간을 보내는 것은 아니다

　전업주부를 바라보는 입장은 다양하다. 비록 우울증과 알코올 중독이 다른 직업군 못지않게 만연한 직업이지만 대부분의 전업주부들은 자기 직업에 만족한다고 한다. 한편에서는 전업주부 엄마가 집에서 기다리건 그렇지 않건 아이들은 크게 상관하지 않는다고 주장한다. 학교에서 돌아오는 시간에 엄마가 집에서 기다리건, 아니면 퇴근하고 7시에 집에 들어오건, 중요한 건 엄마가 기분이 좋고 아이들을 다정하게 대하는지의 여부라고 말한다.

　다른 쪽에서는 엄마를 저녁이 되어서야 볼 수 있는지 아니면 학교에서 돌아오면 바로 볼 수 있는지가 더 중요하다고 주장한다. 아이들은 엄마의 기분에 관계없이 엄마가 늘 집에 있기 바란다고 말이다. 남편들 역시 저녁 7시가 되어서야 집에 돌아오지만 아내가 오후 1시부터 집에 있기를 바란다고 한다. 엄마가 집에 없으면 아이 숙제는 누가 봐주며, 누가 시간 맞춰 아이를 바이올린 학원, 발레 학원으로 데려가겠는가? 폰타네(Theodor Fontane, 독일 사실주의 작가)의 말을 빌면 그건 이미 "글자의 수프를 듬뿍 뿌려놓은 넓은 들판"이다. 학대당한 물개 새끼처럼 아이들은 여성이 돌봐야 한다고 생각하는 임무에 매진하면서 전업주부를 꿈꾸는 여성들이 있다. 그리고 그 반대편에는 그런 계층에서 흔히 문제로 제시되는 복지국가의 외동아이들에 대한 과보호를 다급하게 경고하는 이성적인 목소리들이 있다.

높은 교육수준을 자랑하는 여성이 몇 년 동안 소위 자연이 그녀에게 할당했다는 임무에 전념하면(즉 자식 하나, 기껏해야 둘을 아침부터 저녁까지 혼자서 뒤치다꺼리하는 것 이외에는 아무 일도 하지 않는 이상적인 경우) 거의 어쩔 수 없이 과보호가 발생한다. 하지만 3인 모델은 그 자체가 이미 전업주부 결혼의 변질이다. 전업주부 결혼이란 원래 6~10인의 가정을 염두에 두었고 그런 가정에서는 지금까지도 원래의 목적을 수행하고 있다.

하지만 날로 규모가 줄어드는 중산층 핵가족 말고도 전업주부에 반대하는 이유는 또 있다. 가장 중요한 이유가 오늘날 우리는 우리 어머니나 할머니보다 훨씬 시간이 많다는 사실이다. 우리 부모님들이 꾸린 가정 역시 중산층 핵가족이었고 우리 어머니 역시 전업주부였다. 그럼에도 나는 우리 어머니가 아침부터 저녁까지 쉴 새 없이 일을 하셨던 기억이 난다. 어머니도 아이가 셋이었고 나도 아이가 셋이다. 어머니는 직장이 없었고 나는 일을 한다. 그렇다면 내 인생에 필요한 추가 시간은 대체 어디서 오는 걸까? 내가 주부라면 해야 마땅한 일을 하지 않는 시간, 예를 들어 지금처럼 여성의 시간 예산에 관해 몇 페이지에 걸쳐 고민하고 있는 바로 이 시간 동안 우리 어머니는 무엇을 하셨을까?

어머니의 하루 일과를 정확히 열거해 보면 진실이 밝혀진다. 아마 어머니는 아침마다 두 시간씩 청소를 했고(커튼을 솔질하고 빗질하고 다시 커튼 커버를 솔질하고 빗질하고……) 침대를 정돈하고(엄마가 침대 시트 주름을 매끈하게 펴놓지 않으면 애들이 나쁜 꿈을 꾼다고들 하기 때문에) 마른 빨래를 다림질하며(속옷 셔츠와 심지어 팬티까지도), 잘 개어 차곡차곡 옷장에 정리한 후, 야채를 씻고 감자 껍질을 벗기고 고기를 썰어 점심상을 차리고, 다시 전부 치우고 그 수많은 접시, 그릇들을 설거지하여 닦아 다시 찬장에 차곡차곡 정돈을 하고 나서 바로 저녁상을 위한 시장을 보러 갔고 차도 없이(차는 아침에 가장이 타고 일하러 갔다) 5인분의 음료와 먹을거리를 사서 집으로 끌고 온 다음 빨래를 빨아 널고, 저녁밥을 짓고 설거지하고 청소하고 아이들을 씻기고 재운다. 아버지가 퇴근해서 집에 돌아올 밤 10시 무렵이면 어머니는 틀림없이 지쳐 쓰러지기 일보 직전이 되었을 것이다. 자신을 위해 쓸 시간이란 거의 없었다.

이 많은 일과들 중에서 내가 지금까지 규칙적으로 하고 있는 일은 거의 없다. 청소는 생략하고 빨래는 꼭 필요한 경우 한 개씩 다리며 설거지와 빨래는 기계가 알아서 해준다. 점심은 모두 나가서 사먹는다. 유일하게 내 하루 일과의 마지막 부분만은 그나마 어머니와 유사하다.

달리 표현해서 내 어머니와 그 세대 여성 대부분의 전업주부제 결혼은 무엇보다 가사일의 깔끔한 처리에 유익했다. 육아는 가사와 병행하는 일이었다. 좀 과장을 하자면 우리 어머니는 자식들을 위해 직장을 그만둔 게 아니었다. 자식보다는, 체계적이지 못하고 기술 장비도 부족했으면서 시대 특성상 거의 노이로제 수준이었던 가사일 때문이었다. 결론적으로 말해 어머니가 자식들에게 투자한 시간은 지금 내가 우리 아이들에게 투자하는 시간보다 결코 많지 않았다.

이것은 현대의 시간 예산 연구의 결과로도 입증된다. 오늘날의 부모들이 자식과 보내는 시간은 엄마 혼자서 육아를 전담했던 옛날 전업주부제 결혼 시절보다 결코 적지 않다고 한다. 오히려 지난 10년 동안 부모가 미취학 자녀들과 함께 보내는 시간은 더 늘어났다. 그것은 여전히 인기가 높은 전업주부 모델 때문이 아니라 가사운영 방식의 효율성이 증가한 덕이라고 보여진다.

생명이 끝나가는 이런 생활 형태의 열렬한 옹호자들의 바람과 달리 사실 전업주부들은 아이들과 그리 많은 시간을 보내지 않기 때문이다. 통계학적 평균치를 따져보면 가정주부와 직장여성이 하루 중 아이와 함께 보내는 시간의 차이는 1시간 40분에 불과하다고 한다. 여기서 잠깐 걸음을 멈추고 지난날을 돌아보아야 한다. 그 수많은 이데올로기 논쟁과 온갖 글들, 가부장제와 자연이 부여한 전업주부의 역할로 되돌아가야 한다던 그 근거 없는 온갖 잡담들을 떠올려보아야 한다. 단지 그 1시간 40분 때문에 우리는 그 수많은 비난을 받아야 했단 말인가?

물론 나도 직업을 가진 엄마로서 하루 한 시간이 나와 내 아이들에게 얼마나 값진 것인지는 너무나 잘 알고 있다. 그래서 전업주부 엄마를 둔 아이들이 우리 아이들보다 많이 얻게 되는 그 100분이라는 시간, 엄마와 함께 지내는 그 시간을 진심으로 부러워한다. 그런데 이 엄마들은 내가 아이들과 떨어져 지내는 그 6, 7시간 동안 무엇을 할까? 독일 연방정부가 발간한 〈제7차 가족 보고서〉의 내용에 따르면 이러한 시간의 차이는 우리 어머니들처럼 완벽한 가사가 아닌 개인의 여가 시간에 투자되고 있다. 이것은 멋진 일이다. 충분히 이해할 수 있는 일이다. 하지만 전업주부제 결혼의 이데올로기적 기반을 뒤흔들 만큼 황당하기 이를 데 없는 이 이상한 지점, 즉 하루 대부분의 시간이 개인의 여가 시간에 투자되고 있는 점에 대해서는 여전히 이해되지 않는다.

그 사이 쇼핑과 조깅은 '자연이 여성에게 부여했다고 생각하는 임무'가 되어 버렸다. 이 사실은 몇 가지 의문을 제기한다. 모든 면에서 사회의 지원을 받고 세제 혜택을 누리는 이런 삶의 형태는 어머니 신화를 실현하는 개인의 노력이라기보다 누구나 부러워할 만한 된장녀의 변형은 아닐까? 아니면 여기서 한 걸음 더 나아가 통념의 전복을 꾀하는 비참여를 통해, 남성이 지배하고 남성의 욕망에 따라 재단된 직장 생활에 반대하는 조용한 여성의 저항은 아닐까?

이런 호사의 경제적 결과를 걱정하는 사람도 있지만 나는 비난할 일은 아니라고 생각한다. 특히 단순노무직 여성들의 경우 이런 식의 퇴직은 허용되어야 한다. 슈퍼마켓 계산대나 형광등이 켜진 사무실

복도에 휴지통을 들고 혼자 서 있는 것보다는 집에서 아이들과 함께 소파 위를 뒹굴거나 쇼핑과 조깅을 하는 편이 더 낫다. 다만 우려되는 점은, 주당 평균 12시간짜리 현재 엄마들의 경제활동시간으로는 정치, 문화, 경제, 언론계에서 우리 여성들이 앞으로도 계속 손님 역할밖에 하지 못할 것이라는 사실이다. 나아가 고령 주부의 빈곤 위험도가 특히 높다는 사실은 더욱더 우려할 일이다.

주부의 행복에도 대가가 있다. 물론 모든 행복에는 대가가 있다. 다만 누가 행복의 대가로 더 비싼 값을 치르고 있느냐 하는 것이다. 아이가 없는 여성, 직장에 다니는 엄마, 직장을 다니지 않는 엄마, 셋 중 누구일까? 조금 더 살펴보기로 하자.

우리는 육아의 어려움을
과소평가한다

지구상에 가장 대단한 무자녀 선전가였던 시몬 드 보부아르 (Simone de Beauvoir, 프랑스 실존주의 사상가)는 이렇게 말한다. "아이는 소란 피우고 소리 지르고 수다 떨고 소음을 만든다. 아이는 제 삶을 살뿐이지만 그 삶은 부모의 삶을 방해한다. 부모의 이해와 아이의 이해는 일치하지 않는다. 따라서 갈등이 생긴다." 그녀의 말이 옳다. 평화는 아이가 생김으로 끝이 난다. 책을 읽고 글을 쓰고 생각을 하고 대화를 나눌 시간이 몇 년 동안 흔적도 없이 사라진다.

아이 문제에서 모든 것을 결정하는 간단한 진리는 바로 이것이다. 어린아이는 생후 몇 년 동안 단 일 분도 혼자 두어서는 안 된다. 그럼 누가 애를 볼 것인가? 별 일 아닌 것처럼 들리는 말들일 수도 있지만 이 문제는 이미 몇 사람의 인생을 끝장냈다. 이상한 점은 누구나 그 사실을 알고 있다는 것이다. 그런데도 아무도 실질적인 대비를 하지 않는다.

앞에서 언급한 중산층 부부에게 돌아가보자. 여자는 서른여섯, 남자는 서른여덟이다. 여자는 과학 전문 출판사에서 일하고 남자는 교수이다. 둘 다 수입이 좋고 둘 다 승진을 바라고 있다. 시내에서 방네 개에 발코니가 딸리고 마루가 깔린 집을 구하자면 난방비 빼고 월세가 1,200유로이다. 그 돈을 감당하려면 둘 다 일을 하지 않을 수 없다. 여기에 아이가 태어난다면 어떻게 될까?

여자는 석 달의 출산 휴가를 낼 것이다. 돌만 지나면 어린이집에서 하루 종일 돌봐준다. 아침 9시부터 저녁 5시까지. 아침식사, 점심식사, 간식을 포함한 비용은 약 300유로다. 우리 아이들은 특히 간식 시간을 아주 좋아했다. 어린이집이 문을 닫으면 이제부터는 베이비시터가 애들을 집으로 데려와 보살핀다.

하지만 과학 전문 출판사 직원인 엄마는 대도시의 이런 후한 어린이집 운영 시간마저도 문제가 된다. 4시 반에 퇴근하는 직원은 하나도 없기 때문이다. 또 이 시간이면 대학에서는 중요한 미팅이 시작된다. 이들 두 사람이 어떻게 할 수 있을까? 오페어(가족과 함께 살면서 가족의 아이들을 돌보는 일을 하는 사람)가 월 250유로로 상대적으로 가격도 저렴하면서 또 6~8시경 엄마와 아빠가 퇴근할 때까지 집 청소도 약간 해주지만, 오페어를 두기에는 집이 너무 좁다. 그러니 정식 애보는 아줌마를 들이는 수밖에 없다. 하지만 그러자면 이런저런 비용을 합쳐 제법 잘나가는 직장인인 이들 부부에게도 지나친 부담의 보육비가 지출된다.

그리하여 두 사람은 순식간에 지극히 합법적인 방법으로 불법에 빠져든다. 이미 실업급여를 받고 있는 50대 중반의 이웃 아주머니에게 시간 당 8~10유로를 주고 불법으로 아이를 맡기기로 한 것이다. 그나마 그들은 행운이다. 아주머니가 근처에 살고 또 믿을 만하니까 말이다. 출판사 동료 여직원들은 벌써 아줌마를 다섯 번째, 열 번째 바꾼 경우도 많다. 러시아 아줌마, 가나 아줌마가 많고 제일 흔한 경우는 폴란드 아줌마다. 전부 독일에 온 지 얼마 안 된 사람들이고 아이에게 애정이 있는 것도 아니다.

5시에 아이를 어린이집에서 데려와서 저녁을 먹이고 부모가 퇴근할 때까지 봐주는 아주머니에게 한 달에 약 300~400유로를 추가로 지불해야 한다. 내년에 둘째가 태어나면 어린이집과 보모 아주머니에게 지불하는 돈만 약 800유로에 이른다. 그것 때문에 가정경제가 파탄이 나는 건 아니지만 월세까지 합치면 그 돈만 한 달에 2,000유로를 훌쩍 넘어선다. 난방비, 보험료, 자동차 비용, 전화비, 의복비, 식비, 휴가비는 전혀 계산에 넣지 않은 액수이다.

아내의 급여는 이 가족의 생계에 반드시 필요한 돈이므로, 파트타임은 생각할 수 없다. 어린 두 자녀를 키우는 이들 두 사람에게 향후 쏟아질 이런 이중 부담은 날이 갈수록 더욱 힘겨워질 것이다. 대안은 없다. 부모는 포로다.

가정생활의 유지에는
돈이 너무 많이 든다

　이 문제가 피할 수 없는 운명은 아니다. 다만 단둘이서는 해낼 수가 없다. 직장 때문에, 출퇴근 시간 때문에 어쩔 수 없이 대도시에 살아야 하는 젊은 가족의 최대 골칫거리는 집세다. 어느 정도 큰 방이 4개, 아이가 두셋 정도 되어 방이 5개 정도 되면 집세가 아무리 낮게 잡아도 1,200유로 정도가 된다. 쇼핑하는 전업 주부에게도 돌아가는 세제 혜택이 왜 대도시 가족의 집세에는 돌아가지 않는단 말인가. 아이들이 아직 어린 수천의 가족이 그러했듯 녹초가 된 그들은 결국 시내를 떠나게 될 것이다. 그리고 아침에 더 일찍 일어나서 만원 전철에 몸을 끼워넣을 것이고 도로의 교통정체를 가중시킬 것이다.

　이제 곧 함부르크, 프랑크푸르트, 뮌헨이 지금 로마와 파리 중심부에서나 볼 수 있는 광경처럼 완전히 아이들로부터 해방된 지역이 될 것이다. 독신들과 유피족, 딩크족, 은퇴 노인들이 카페에서 아무

방해 없이 터를 잡을 수 있을 것이고 시내 공원의 잔디밭을 개똥으로 뒤덮을 수 있을 것이다. 이들끼리 아이들의 방해를 받지 않는 오붓한 시간을 가질 수 있을 것이다.

연방독일의 젊은 복지 가족의 두 번째 난관은 육아비용이다. 두 아이를 어린이집 종일반에 보내고 부모가 퇴근할 때까지 추가로 개인에게 맡길 경우 최고 800유로가 들고, 이 액수는 두 아이에 대한 육아보조금 300유로를 제하더라도 너무 과중한 부담이다. 돈을 잘 버는 부부인 경우 엄마나 아빠 중 한 사람이 일을 그만둘 정도의 액수는 아니지만 (저급여의 직업인 경우라면 일을 그만두는 편이 훨씬 낫다) 그래도 너무 높은 액수이다. 왜 유치원은 학교나 대학처럼 세제 혜택을 줄 수 없는 걸까? 왜 아이를 맡기는 데 사치품을 사는 것처럼 돈을 지불해야 하는 걸까? 방과 후 교실도 마찬가지이다. 러시아 보모를 쓰는 것과 똑같이 이미 세액을 공제한 수입에서 다시 비싼 돈을 지불해야만 한다. 대체 왜? 이 모두가 아이를 기를 수 있게 된 크나큰 행운의 대가인가?

분명 이렇게 계속 나아갈 수는 없고 계속 가지도 않을 것이다. 다른, 더 나은 해결책이 있고, 인구의 빈곤은 그 해결책이 자리를 잡아나갈 수 있게 도와줄 것이다. 하지만 둘째가 태어난 후 집이 좀 비좁아졌고 다시 셋째를 낳고 싶어하는 중산층 맞벌이 부부에게 이런 막연한 희망은 아무런 도움이 안 된다. 우리에게 필요한 건 간단하게 열거할 수 있다. 일은 적게 하고 비용을 줄이고 집 평수를 늘리는 것.

많은 사람들이 과도한 불평이라고 생각한다. 부모들의 불평이 너무 지나치다는 것이다. 지금 우리보다 훨씬 더 어려운 여건에서 아이들을 키웠던 사람들은 어쨌든 그렇게 주장한다. 둘째가 태어나면서부터 너무 작다고 느끼는 집에서 전후의 많은 가족이 네다섯 명의 아이를 키웠다. 그리고 아이들에게 쏟을 시간도 많지 않았다. 돈이 더 많았던 것도 아니다. 그렇다면 우리가 너무 호강에 겨워 불평을 늘어놓는 건 아닐까?

그렇다. 당연히 우리는 호강에 겨웠다. 그리고 그건 옳은 일이다. 우리의 호강을 더 다정한 다른 이름으로도 부를 수 있기 때문이다. 예를 들어 자유화라든가 사회 진보라든가, 그도 아니면 아주 간단하게 해방이라 불러도 좋다. 이 말들은 모두가 중부 유럽과 북부 유럽의 가정에서 채 50년도 안 된 시간 동안 벌어진 믿을 수 없는 변화를 일컫는다. 세상에 태어나는 아이들의 숫자가 줄어들고 이혼하는 부부가 늘어나도록 만든—이건 인정해야 한다—변화. 그럼에도 정신이 똑바로 박힌 사람이라면 누구도 이런 변화를 되돌리고 싶어하지 않는다.

전업주부 역할에 사로잡혀 살았던 우리 어머니들과 할머니들의 삶을 무욕의 마음에서 우러나온 겸양의 그림으로 덧칠하기 위해서는 너무 많은 이데올로기의 덧칠이 필요하기 때문이다. 정말로 그 누구도, 심지어 신 주부상을 선전하는 사람들조차도 우리 어머니들의 삶처럼 살고 싶어하지 않는다. 앞서도 말했듯, 다행스럽게도 우리는 그런 상황으로 되돌아가기에는 너무 호강에 길들어버렸다.

엄마 역할은 영원하지만
아빠 노릇은 포기할 수 있다

솔직히 고백하자면 나는 상황을 완전히 과소평가했다. 나는 서른여섯 해 동안 20세기를 살았다. 나는 한 아이를 낳고, 바로 이어 또 한 아이를 낳고, 심지어 셋째 아이까지 낳고, 아이를 낳을 때마다 조금씩 역사 속으로 후퇴할 준비를 했어야 했다.

후퇴는 서서히 시작된다. 처음에는 전혀 깨닫지 못한다. 첫아이가 태어나고 우왕좌왕한다. 첫해는 취한 듯, 고단하고, 행복하게, 절망에 빠져서 지나간다. 하지만 늘, 설사 불행하다고 해도 기분은 고조된 상태, 행복에 젖은 상태이다.

그러다 해가 바뀌었다. 나는 아침부터 저녁 6시까지, 많은 직장이 그렇듯 때론 7시까지 다시 일을 시작했다. 아이 아빠는 길모퉁이 어디에서나 할 수 있는 일이 아닌 직업을 가진 사람들이 흔히 그렇듯 다른 도시에서 살았다. 삼십 년, 사십 년 전이었다면 이런 상황에서 나는 직장을 포기했을 것이다. 단지 여자의 일 때문에 모여 살지 않는 가족이라니 상상할 수도 없는 일이었다.

하지만 나는 아홉 달 된 딸을 데리고 도시로 돌아갔고 아무 문제 없이 집 근처에서 괜찮은 어린이집을 발견했다. 아침 7시부터 저녁 5시까지 문을 여는 어린이집이었다. 저녁 시간에는 젊은 터키 여성 베이비시터를 구했다. 그녀가 우리 딸을 어린이집에서 찾아서 자기 주거공동체로 데려가 저녁을 먹었다. 그리고 7시에서 8시경 내가 아이를 집으로 데려왔다.

초기에는 엄마와 아이 모두 좋았다. 아이는 생후 9개월이 되자 벌써 걸음마를 시작했고 말도 아주 빨리 배웠다. 더구나 사람들을 좋아해서 버스나 기차를 타면 아무한테나 가서 안겨 놀았다. 주말마다 기차를 제법 장시간 동안 타고 아이 아빠를 보러갔지만 나는 늘 편안하게 책을 읽을 수 있었다. 딸아이는 뒤뚱거리는 걸음으로 객실을 돌아다니며 다른 승객들과 어울려 놀았고 이것저것 얻어먹었다. 모든 것이 너무나 간단해 보였다. 아이를 갖는다는 건 정말 멋진 일이구나! 살던 대로 계속 사는데 덤으로 아이가 하나 생긴다. 우리는 가만히 앉아서 완전하고도 큰 행복을 얻었다는 느낌이었다.

물론 이런 안락한 상황에서도 약간의 문제들은 있었다. 한번은 아이 아빠가 주말에 우리더러 오지 말라고 했다. 그 주에 일이 너무 힘들었기 때문에 주말에 좀 쉬어야겠다는 것이었다. 뭐? 나는 기가 막혀 되물었다. 나는 힘들게 일 안 했나? 게다가 내겐 밤마다 규칙적으로 우는 아이까지 있었다. 그와 나는 혹시 계산법이 다른 건 아닐까?

그랬다. 계산법이 달랐다. 엄마들의 경우 실제로 계산이 다르다.

한번은 어린이집이 나의 엄마 역할에 불신을 표했다. 내가 아이에게 너무 무관심하다며, 지금 아이를 돌보는 터키 여성의 주거공동체가 약간 이상한 것 같다고 했다. 그러면서 정식으로 아이를 볼 사람을 구할 수 있는지 물었다. 구할 수 있었다. 즉시 아이를 사랑하는 50대 중반의 여성이 달려왔다. 금발의 이혼녀로 싹싹했다. 내가 퇴근해서 집에 오면 아이는 대부분 이미 잠이 든 상태였고 우유병은 깨끗이 씻겨 있었다.

어린이집에 보낸 첫해에 아이는 늘 아팠다. 어린이집에서는 바이러스가 이 아이 저 아이한테로 옮겨 다니니까 말이다. 하지만 근본적으로는 별 문제가 없었다. 우리 딸들은 어린이집에서 힘든 첫해를 보내고 나면 그 후로는 그다지 아픈 적이 없었다. 하지만 당시에는 나의 아이, 직업, 이상향도 이런 바이러스의 공격으로 심하게 흔들렸다. 열이 펄펄 끓는 아이를 품고 몇 시간씩이나 병원을 향해 달려간 적도 있었다. 우리 아이는 도착한 순간 상태가 나아졌고 기차역에서 아무 불평 없이 할머니 할아버지의 품에 안겼다. 그러면 나는 출근을 위해 다음 기차를 타고 돌아와야 했다.

그런데 자기 아이가 독감에 걸려서 수술을 연기한 남자 의사를 보았는가? 방송을 펑크내는 남자 기자와 재판을 취소한 남자 변호사와 초연을 미룬 남자 연출가를 보았는가? 그 사이 나는 알게 되었다. 엄마들의 계산은 이들과 다르다는 것을 말이다.

그럼에도 한동안 좋았다. 아이는 불평이 없었고 보모는 자기 일에 만족했으며 나는 내 직업으로 보모에게 일을 줄 수 있다는 사실에 만족했다. 어린이집은 내가 낸 상당액의 기부금에 기뻐했고 심지어 내가 '학부모의 밤'이나 '엄마와 공작하기' 프로그램에 참석하지 않아도 너그럽게 봐주었다. 저녁 행사에 보모가 부모 대신 아이를 데리고 나타나도 아무도 불만을 표하지 않았다. 어찌 되었건 우리는 21세기로 넘어가는 문턱, 유럽의 한가운데에서 살고 있었다. 모두에게 도움의 손길이 돌아갔다. 무슨 문제가 있는가? 이야기가 여기서 끝이 났다면 가족부 장관은 무척 좋아했을 것이다.

나는 첫아이를 키우면서 아무런 문제점도 발견하지 못했다. 문제점이 있다고 생각했으면 둘째 아이를 바라지 않았을 것이다. 보모가 두 아이를 집으로 데려와 재우면 안 되는 이유라도 있는가? 어린이집이 둘째 아이도 생후 9개월부터 맡아주지 말란 법이 어디 있는가? 기차의 승객들이 객실 안을 돌아다니는 사교성 좋은 두 천사와 놀아주지 말란 법은 또 어디 있는가?

하지만 대가가 있었다. 분명 나는 몇 가지 문제들을 간과했다. 하지만 그렇게 빨리—순전히 여성의 시각에서 볼 때—인류 역사상 최고의 세기에서 추방될 수는 없다. 그 무엇도 나의 굳은 확신을 바꾸지 못했다. 일은 실행에 옮길 수 있어야 한다. 자식, 출세 부분에서 우리는 이미 전혀 다른 장애물들을 뛰어넘었다. 아쉽게도 아이들을 문제없이 내 직장생활과 적응시키려 했던 나의 노력에서 유감스럽게도 아버지는 빠져 있었지만, 그건 이미 수백만 년 동안 다른 여성들도 겪었던 일이었다. 항복할 이유가 없었다.

나는 이미 덫에 걸려 있었다. 그건 백 년도 훨씬 더 된 낡은 덫이다. 수천 년 된 덫이다. 그 덫의 이름은 '한 번 엄마는 영원한 엄마'이다. 아버지 노릇은 따끔거리는 스웨터처럼 벗어버릴 수도 있다. 아이를 낳은 여성은 엄마다. 그러나 아이를 얻은 남성은 아직 한참 동안은 아빠가 아니다.

당연히 그는 아빠다. 사실 오늘날처럼 확실하게 아빠임을 증명할 수 있었던 시대도 없었다. 그럼에도 그는 자기가 재미있을 동안에만 아빠이다. 아이나 아이 엄마가 즐거움을 주지 못하면 언제라도 아빠 자리를 내놓을 수 있다. 아빠 노릇을 마음대로 조절할 수 있고 휴가처럼, 주말처럼 혹은 취미처럼 행사할 수 있다. 아빠 노릇을 다른 여가 활동과 결합시킬 수 있고, 새 여자친구와의 휴가 계획, 직장의 강제, 순간의 변덕, 죽 끓듯 하는 마음상태와 편안하게 맞출 수 있다. 아빠는 자기 시간을 자기 뜻대로 쓸 수 있는 사람이다.

그러나 엄마는 아이를 위해 대기해야 하는 사람이다. 아침 6시 반 레고놀이부터 저녁 9시의 자장가까지, 아이가 아플 때도 방학 때도 항상 대기 중이어야 한다. 엄마는 매일 아침 7시면 사과를 깎아야 하지만 아빠는 언제라도 새 인생을 시작할 수 있고 마음 내키면 유기농 농사를 짓거나 산에서 양을 칠 수도 있다. 아빠는 첫 번째, 두 번째, 세 번째의 가정도 꾸릴 수 있다. 또다시 찾아온 새로운 사랑 때문에 세 번째 가정마저 버리고 자동이체로 양육비를 부칠 수도 있다.

아빠는 양심과 계좌 상황이 허락하는 한 그런 짓을 무한히 반복할 수 있다. 하지만 온라인뱅킹으로 아이들에게 생활비를 부치는 엄마이야기는 여태껏 들어본 적이 없다. 한마디로 이것이 엄마가 되자마자 우리 여성들을 역사 속으로 되돌려놓는 부모노릇의 구조적 차이이다.

모든 아빠들이 이런 차이를 악용하는 건 아니다. 불편한 주말, 복잡한 휴가, 불면의 밤 같은 사소한 문제는 물론이고 설사 때려죽이겠다는 협박을 받아도 아이들을 떠나지 않는 헌신적인 아빠들도 물론 있다. 그리고 나는 이런 아빠들이 미래의 아빠 상像을 좌우하게 되기를 진심으로 바란다. 하지만 행복의 콘셉트가 쉴 새 없이 넘쳐나는 이 시대에 꼭 그러리라는 보장은 없다.

사실은 여전히 다른 모습이다. 사실은 한부모의 숫자가 해마다 증가한다고 말한다. 예를 들어 베를린에서는 그 비율이 이미 31%에 육박했다. 그리고 사실은 한부모 중 87%가 한모라고 말한다. 오랜 세월 해방된 환경의 실내극으로 치부해 왔던 잃어버린 아버지의 드라마가 집단 비극으로 발전하고 있는 중이다.

한국의 보육환경

　한국의 보육환경 전반에 대하여 알아보기 위해 2005년 여성가족부의 전국적 보육실태조사를 살펴보기로 하자.

　먼저 영유아의 보육기관 이용률을 보면 만 0~5세 아동의 보육시설 이용률은 27.9%였고, 유치원 이용률은 16.5%로 나타나 5세 미만의 영유아의 경우 유치원보다 보육시설을 더 많이 이용하고 있었다.

　보육시설에 있는 아동 중 정부에서 보육료 지원을 받고 있는 아동은 28.8%였으며 전체 시설의 78.1%에 보육료 지원아동이 있는 것으로 나타났다.

　보육시설에 맡겨지는 아동을 살펴보면 보육시설 이용 아동 중 장애아는 1.9%로 나타났고, 보육시설 중 20.8%가 장애아동을 보육하

자료 18 영유아 연령별 양육지원서비스 이용률

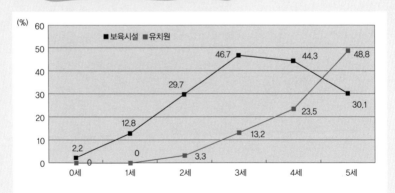

*출처 : 여성가족부, 〈전국적 보육실태조사〉, 2005

고 있다. 또한, 보육시설 이용 아동 중 취업모의 아동 비율은 46.6%
로 나타났고, 연령이 낮을수록 취업모의 아동 비율이 높게 나타났다.
보육시설을 이용하는 한부모 가정의 아동들도 있었는데 모자녀가정
의 아동비율은 보육시설 이용 아동의 3.3%였고, 보육시설 중 50.0%
가 모자녀가정의 아동을 보육하고 있는 것으로 나타났다. 보육시설
을 이용하는 부자녀가정의 아동은 2.2%로 보육시설 중 34.6%가 부
자녀가정의 아동을 보육하고 있었다. 조부모가정의 아동은 보육시설
이용 아동의 1.6%이다.

　자녀가 초등학교 이상인 경우에는 방과 후 시간을 보내는 방법으
로서 사설학원 이용이 69%로 가장 높고, 방과 후 프로그램 이용이
9.4%이며, 보호자 없이 집에서 혼자 보낸다는 비율도 4.5%였다. 특
히 가구소득 100만 원 미만 가정 아동의 10.6%는 집에서 보호자 없
이 보내는 것으로 나타나 이러한 아동들을 보호하고 지원할 수 있는
대책이 필요함을 알 수 있다.

　부모가 아닌 조부모 등 혈연, 탁아모, 베이비시터 등이 자녀를 돌
봐주는 개인양육지원 서비스* 이용 실태를 살펴보면 만 0~5세 아동
중 22.6%가 개인양육지원 서비스를 이용하는 것으로 나타났다. 개
인양육지원 서비스를 이용하는 이유로는 만 0~2세 영아의 경우 아
이가 어려서 기관 적응이 힘들기 때문이 78.5%로 가장 높은 비율을

*개인양육지원 서비스 : 조부모 등 혈연과 탁아모, 베이비시터 등에 의한 보육을 의미. 탁아모는
이웃이나 주변사람을 통하여 소개를 받으며, 주로 자신의 집에서 아동을 돌보는 일을 하고, 베
이비시터는 베이비시터 회사를 통하여 소개를 받아 주로 아동의 집에서 돌보는 사람을 말한다.

자료 19 초등학생 방과 후 시간 보내는 방법

자료 19 초등학생 방과 후 시간 보내는 방법

(단위 : %)

구 분	사설 학원	공부방/ 방과후 프로그램	집에서 과외	다른 장소에서 과외	집 (보호자 유)	집 (보호자 무)	기타
전 체	69.0	9.4	1.7	2.8	12.0	4.5	0.6
〈연령구분〉							
초등저학년생	71.6	10.5	1.9	1.8	10.7	2.7	0.8
초등고학년생	66.6	8.4	1.4	3.7	13.2	6.2	0.5
〈가구소득〉							
99만 원 이하	40.4	16.6	–	0.9	31.5	10.6	–
150~199만 원	70.6	10.0	0.5	2.8	13.6	2.5	–
200~249만 원	71.2	9.5	1.9	2.4	11.1	3.4	0.5

＊출처 : 여성가족부, 〈전국적 보육실태조사〉, 2005

보였으며, 만 3~5세 유아는 비용부담 때문이 62.3%로 가장 비율이 높으며 기관 부적응도 26.2%로 나타났다.

혈연인에 의한 개인양육지원 서비스의 경우 가장 많이 돌봐주는 혈연인은 동거조부모가 46.1%이고 다음이 동거친인척이 42.7%였다. 전체의 37.3%가 이들에게 비용을 지불하며 비용은 평균 24만 7천 원이었다. 그러나 이러한 혈연인에게 아이를 맡기는 경우 가장 큰 애로사항은 '심리적인 부담'이고, 다음이 '양육방식의 차이'라고 응답했다.

탁아모 등에 의한 개인양육지원 서비스의 경우 가장 많이 돌봐주

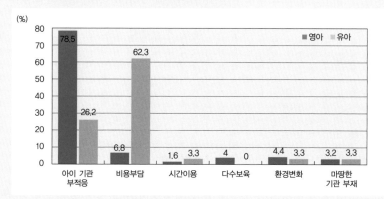

자료 20 개인 양육지원 서비스 이용 이유

```
(%)
80 ┤ 78.5                                                        ■ 영아  ■ 유아
70 ┤
60 ┤            62.3
50 ┤
40 ┤
30 ┤    26.2
20 ┤
10 ┤         6.8
 0 ┤                    1.6  3.3    4   0    4.4  3.3   3.2  3.3
     아이 기관    비용부담    시간이용   다수보육   환경변화   마땅한
     부적응                                               기관 부재
```

**출처 : 여성가족부, 〈전국적 보육실태조사〉, 2005

는 사람은 탁아모가 74.5%이고 다음이 베이비시터 17.6%, 파출부
7.8%순이었다. 양육 지불비용은 만 0~2세 영아가 55만 5천 원, 만
3~5세 유아가 27만 원이며 평균 44만 5천 원으로 나타났다. 탁아
모 등에 의한 개인양육지원 서비스를 이용하고 있을 시 불만족 요인
은 '비용부담'이 37.7%로 가장 높고, 다음이 '양육방식의 차이'로
서 25.5%로 나타났는데 이는 비공식부문에서의 보육이 비전문인에
의해 행해지는 문제점을 드러낸다는 것을 알 수 있다.

한국의 보육환경을 살펴보기 위해 알아본 통계청의 2005년 인구
주택총조사 결과로도 그 실태를 알아볼 수 있다.

일반적으로 초등학교 재학이하(0~12세)인 아동에 대한 주간 아동
보육상태를 보면 부모가 돌보는 경우가 39.5%로 가장 많았고 부모
가 돌보면서 학원이나 어린이집, 유치원 등을 이용하는 복합아동보

육이 32.1%를 차지했다. 이밖에 조부모가 돌보는 경우는 5.4%, 어린이집 4.0%, 유치원 2.4%, 아이 혼자 있는 경우 2.3%, 기타 1.4%의 순을 보인다. 이렇게 부모가 전적으로 돌보는 경우와 부모와 다른 보육방법이 결합된 복합보육을 합한 부모가 일부라도 돌보는 경우는 65.7%에 달한다.

이러한 결과는 5년 전과 대비하여 '자녀의 부모'가 전적으로 돌보는 비율 2.3%p(41.8%→39.5%) 감소하고, 일부라도 돌보는 비율은 3.8%p(61.9%→65.7%) 증가하였다. 또한, '자녀의 부모+학원'은 3.6%(12.0%→15.6%) 증가하였고, 조부모가 일부라도 돌보는 비율은 5년 전 대비 1.4%p(7.4%→8.8%) 증가하고, '혼자 또는 아동끼리 지냄' 비율은 0.7%p(3.0%→2.3%) 감소하였다.

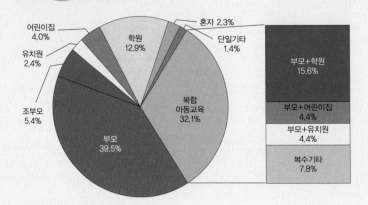

자료 21 아동보육상태별 아동비율

어린이집 4.0%
유치원 2.4%
조부모 5.4%
부모 39.5%
학원 12.9%
복합 아동교육 32.1%
혼자 2.3%
단일기타 1.4%

부모+학원 15.6%
부모+어린이집 4.4%
부모+유치원 4.4%
복수기타 7.8%

＊출처 : 통계청, 〈인구주택총조사〉, 2005

여성학교

자료 22 아동보육상태

(단위 : 천명, %)

2000 보육상태						
	계		단일항목선택		복수항목선택	
		비율		비율		비율
계	8,191	100.0	6,134	74.9	2,057	25.1
부모	5,067	61.9	3,420	41.8	1,647	20.1
조부모	604	7.4	407	5.0	197	2.4
기타 가족, 친인척	81	1.0	54	0.7	27	0.3
가사도우미, 이웃사람	49	0.6	31	0.4	18	0.2
유치원	763	9.3	288	3.5	475	5.8
어린이집, 기타 보육시설	417	5.1	231	2.8	186	2.3
놀이방	143	1.7	78	1.0	65	0.8
학원	2,630	32.1	1,364	16.7	1,266	15.5
혼자, 아동끼리	463	5.7	249	3.0	215	2.6
기타	26	0.3	13	0.2	14	0.2

2005 보육상태						
	계		단일항목선택		복수항목선택	
		비율		비율		비율
계	7,374	100.0	5,006	67.9	2,365	32.1
부모	4,842	65.7	2,915	39.5	1,927	26.1
조부모	648	8.8	398	5.4	250	3.4
기타 가족, 친인척	77	1.0	45	0.6	32	0.4
가사도우미, 이웃사람	50	0.7	28	0.4	22	0.3

유치원	575	7.8	176	2.4	399	5.4
어린이집, 놀이방	683	9.3	292	4.0	391	5.3
기타 보육시설	24	0.3	11	0.2	13	0.2
학원	2,408	32.7	953	12.9	1,455	19.7
혼자, 아동끼리	392	5.3	172	2.3	220	3.0
기타	36	0.5	16	0.2	20	0.3

복수항목선택 세부내용

2000년		비율	2005년		비율
계	2,057	25.1	계	2,365	32.1
부모+학원	979	12.0	부모+학원	1,148	15.6
부모+어린이집	148	1.8	부모+어린이집,놀이방	324	4.4
부모+유치원	372	4.5	부모+유치원	322	4.4
학원+혼자,아동끼리	139	1.7	학원+혼자,아동끼리	152	2.1
조부모+학원	82	1.0	조부모+학원	104	1.4
부모+조부모	38	0.5	부모+조부모	54	0.7
조부모+어린이집	20	0.2	조부모+어린이집,놀이방	44	0.6
부모+혼자, 아동끼리	45	0.5	부모+혼자, 아동끼리	43	0.6
조부모+유치원	37	0.5	조부모+유치원	37	0.5
기타	197	2.4	기타	137	1.9

※ 아동보육상태는 주된 것 2개까지 선택가능토록 조사되었음, 복수항목선택은 해당 응답항목에
　각각 반영되어 계와 일치하지 않음 예) 부모+학원 → 부모(1), 학원(1)
※ 계에는 아동보육상태 미상 포함
＊출처 : 통계청, 〈인구주택총조사〉, 2005

6장

아버지로서의
남자

누가 이혼 고아를 만드는가

전쟁이 끝나자 다들 '아버지 없는 세대'를 외쳤다. 전후 첫 세대는 대부분 아버지 없이 성장했다. 그리고 오늘날에도 아버지가 없는 아이들의 비율이 계속 치솟고 있다. 서독의 경우 5분의 1, 동독의 경우 3분의 1이다. 우리 딸들의 친구들도 절반 정도는 아버지가 없다. 아빠 노릇을 취미활동쯤으로 생각하는 우리 세대의 아빠들은 자주 자신이나 자신의 부모가 겪었던 일을 반복한다. 역사적인 가족의 운명이 개인적으로 다시 반복되고 있는 형국이다. 과거의 초개인적 비극을 소위 해악이 덜하다는 직접 제작한 변주곡으로 다시 한 번 재연하고 있는 듯한 현실인 것이다.

하지만 동시대의 아빠들은 비극이라는 말을 듣고 싶어하지 않는다. 이혼 고아들의 슬픔은 그 누구도, 설사 아이들의 부모도 온전히 공감하지는 못한다. 밤마다 잠자리에서 울며 "아빠 어디 있어?"라고 흐느끼는 세 살짜리 여자아이에게 변호사는 없다. 아빠를 찾아 우는 어린 꼬마는 스스로 울음을 그쳐야 한다.

만지지 못하는 아빠, 즉 어린 자식을 키우는 일보다 더 멋진 일을 해야 하는 아빠는 자유로운 인격 발달과 소비 욕구의 최대 만족을 모든 다른 가치와 의무보다 우선으로 보는 동시대의 다수 의견을 통해 합법성을 인정받았다고 믿는다. 가정을 버린 아빠는 무책임하고 나약하며 가까이하고 싶지 않은 몰인정한 남자라는 비난을 두려워할 필요가 없다. 가족을 버린 건 절대 비신사적인 행동이 아니라 애석한 정상상태이다. 친구두, 새 애인도, 직장동료도, 부모도, 지인도 책임과 부양, 도덕과 강인한 성격의 잣대를 들이대며 가족을 버린 아빠를 비난할 엄두를 내지 못한다. 아이들이 변호사를 고용할 수 있다면 아빠들은 그 점을 적극 변호해야 할 것이다.

이혼을 원해 아이들로부터 아버지를 떼어놓은 엄마들도 면죄부를 받지는 못한다. 요즘에는 오히려 여성 쪽에서 이혼을 요구하는 경우가 더 많다. 그들 역시 아이들에게 부모의 이혼으로 생긴 엄청난 짐을 지워놓고도 충분한 해명을 하지 않으며, 아이들의 짐을 하찮은 것으로 치부하거나 혹은 아예 관심조차 없다. 엄마들이 아빠들과 다른 점은 단 하나, 보통은 아이들을 궁지에 내버려두지 않고 아이들의 고통을 함께하며 밤마다 침대 머리맡에 앉아 위로하고 동행한다는 사실이다. 자신의 희망과 의지와는 상관없이 가족에게 버림받은 아버지의 비극을 하찮은 일로 치부해버릴 수는 없다.

이혼은 엄마가 원했는데 왜 아이가 아빠를 보고 싶을 때 못 봐야 할까? 아무도 그 이유를 설명할 수 없다.

보도 슈트라우스는 최근에 발표한 산문집 《미카도》에서 이런 원초적 비극의 현대식 변종에 한 장을 할애하여 버림받은 한 아빠의 쓰디쓴 푸념에 대해 썼다. "모든 관계를 끊어버린 건 그녀였다. 비현실적인 개념이긴 하지만 소박하고 헌신적인 사랑이었던 그의 사랑을 어디에 써먹어야 할지 갑자기 막막해져버린 그녀. 그저 새로운 것에 호기심을 느꼈던 그녀. 그래서 아이에 대한 자유 이용권을 그녀에게 주었는가? 그리고 그에게는 감옥에 갇힌 죄인처럼 몇 번의 방문 시간만을 할애하였는가? 그래, 오직 그만이 벌을 받았다. 무슨 이유로? 충실하게, 확실하게 가족을 사랑했기 때문에? 이런 천인공노할 만행을 용인하는 법은 그 자체가 범죄이다."

부당한 규정의 피해를 입은 아버지들의 고통을 두고서는 이미 상당히 시끄러웠다. 하지만 버림받은 어머니와 아이들의 고통을 알리는 한탄의 소리는 그보다 훨씬 나지막하다. 이혼이 아이들에게 의미하는 드라마는 대부분 숨기거나 대수롭지 않게 넘겨버린다. 연방정부의 〈제7차 가족 보고서〉는 이혼에 대한 과도한 반응을 자제해야 하며, 이혼은 새 가족 구조의 형성에 필요한 과정이며, 생활환경을 새롭게, 보다 만족스럽게 만들어갈 기회라고 주장한다.

이혼고아들이 훗날 안정된 가정을 꾸리고 부담스러운 관계를 받아들일 능력이 떨어지기 때문에 이혼의 악순환이 되풀이된다는 사실은 다들 인정한다. 하지만 아이의 고통, 잘도 숨겨둔 아이의 슬픔에 대해서는 아무도 거론하지 않는다. 왜 그럴까? 현대의 어머니와 아버지가 보여주는 자아실현의 몸짓은 다들 인정하면서도 그것이 아이에게 미치는 엄청난 고통과 심각한 결과는 인정하기가 힘들기 때문에? 우리 모두는 현대화를 위해 값비싼 대가를 치른다. 그것이 현대화를 다시 물릴 이유는 될 수 없다. 그러기에는 현대화가 이미 너무 큰 성공을 거두었다. 하지만 보호구역이 없다면, 아이들과 약자를 위한 치외 법권 지역이 없다면 현대화를 통제할 길이 없을 것이다. 기껏해야 참고 견디는 수밖에.

내면 생활의 현대화 앞에서
안전한 사람은 없다

근시안적으로 보면 현대화의 대로에서 자신의 길을 가는 자는 수혜자라고 볼 수 있다. 유연하고, 기동성이 뛰어나고 성공지향적이며, 성생활과 가정생활에 이르기까지 완전히 그를 사로잡은 경제적 사고에 뿌리를 내리고 있다. 생존의 필요에 적응하는 정신의 능력은 오랜 진화의 유산이며, 남녀를 불문하고 자연이 우리 모두에게 선사한 능력이다. 여성이라고 해서 노동시장에 적응하는 정신적 능력이 남성에 비해 떨어진다고 주장할 하등의 이유가 없는 것이다.

지금까지 우리가 남성보다 정신적으로 현대화에 보다 강한 내성을 보인 것은 생물학적 차이나 정체불명의 수상한 원칙 탓이 아니다. 이유는 단 한 가지, 현대화가 우리를 완전히 사로잡지 못하도록 낡은 가족 모델이 보호해 주었기 때문이다.

좀더 불친절하게 표현하자면 우리가 남자들보다 더 오랫동안 배척당했고 직장에서 차별을 받았기 때문에 훨씬 오랫동안 그들보다 친절하고 그들보다 사교적일 수 있었던 것이다. 현대화의 1세대와 2세대만 해도 연수익과 정신적 비용을 청구할 수 있는 쪽은 남성들이었다. 우리 여성들이 남성의 삶을 살게 된 건 2세대와 3세대에 이른 지금에 와서이다.

한마디로 우리는 완전히 경제적 원칙에 따라 조직된 직장생활을 하고 있다. 그리고 곁들여, 여가시간에 원시적 형태의 여성적 삶을 살고 있다.

남성에게는 모든 자유를,
여성에게는 모든 부담을!

　　과거의 페미니즘도, 현대의 페미니즘도 중요한 핵심 문제에는 지금까지 해답을 찾지 못했다. 여성은 남자가 되고 싶은 걸까? 우리는 그들의 자유를 원하나? 아니면 제3의 것을 원하나? 나도 혼자서 이런 질문을 자주 한다.

　　대답은 이러저러하다. 여성들은 아이를 낳고 버릴 수 있는 남자들처럼 되고 싶지 않다. 물론 원래는 안 그렇지만 이미 아이를 버린 여성들도 있다. 한결같은 사람이 어디 있는가? 엄마이기만 한 여성, 아빠이기만 한 남성이 어디 있는가? 판으로 찍은 듯 정성껏 돌보고, 희생하며 헌신만 하는 부품이? 그런 부품은 제 아무리 모성애가 넘쳐난다 해도 아직 어머니가 아니다. 아이 아빠가 새 애인이랑 카페에 들어가 방금 구운 빵에 잼을 발라 씹고 있는 이른 아침에, 빗속을 뚫고 유치원으로 달려가면서 뜨거운 분노를 느끼지 않을 여성은 없다.

때로는 어떤 더 높은 힘이 있어 남성들에게는 모든 자유를, 여성들에게는 모든 부담을 지어준 듯한 형국이다.

물론 그렇지는 않다. 아이 문제에 있어 여성들을 괴롭히는 불평등이 누구의 덕인지 따져보면 본질적으로는 우두머리, 지도자, 부양자라는 삼위일체의 태곳적 남성상에게 우승 트로피가 돌아갈 것이다. 원초적인 역할, 때로는 사회적 역할일 뿐이지만, 결국에는 역사적으로 시대에 뒤떨어진 역할. 그 역할의 장점에 대해서는 오늘날까지도 수많은 남성들의 반환청구소송이 이어지지만 정작 그것의 의무는 날로 찬밥신세가 되어간다.

가족에 대한 역사적 전권은 가족을 파괴하는 현대의 전권으로 교체되었다. 남성의 광적인 책임감은 남성의 무책임으로 대체되었다. 이것을 미래의 모델이라 부를 수는 없다. 그것은 낡은 가부장제 모델의 변형일 뿐이다. 처음의 문제로 돌아가자면 그 사이 어머니들도 모방하고 있는 그런 변형 말이다. 역설적 상황이다. 가족문제에서 지금 우리가 서 있는 시대 전환점처럼 역설적인 상황.

우리는 성역할의 혼란 속에서
길을 찾아야 한다

모두가 느끼고 있다. 우리 모두는 미지의 영역에서 조심조심 더듬거리며 살아가고 있다. 가족 문제를 다룬 글들이 모든 계층의 동요를 불러일으키는 이유는 바로 그 때문이다. 어머니의 역할, 여성의 취업 활동, 육아와 직장의 결합 가능성을 다룬 모든 기사는 신문 독자란을 미어터지게 만든다. 그 중에서도 가장 큰 반향을 불러일으켰던 기사는 이 책의 고민거리 몇 가지를 요약하여 실었던 〈차이트die Zeit〉지의 내 글(2006년 3월 16일자 〈행복의 대가〉라는 제목의 기사)이었던 것 같다. 각계각층의 여성들이 감동을 받았다며 자기들의 이야기를 써 보냈다. 특히 인생의 가장 중요한 시기를 우리 모두가 느꼈던 시대 전환의 문턱에서 보냈던 여성들의 이야기가 감동적이었다.

대표적인 사례라고 생각해도 무방할 한 편지는 이런 구절로 시작했다. "저 역시 행복한 가정을 꿈꾸었지요." 그것은 좋았던 옛 시절의 마지막 시기, 즉 1970년대 말, 1980년대 초였다. 너무도 잘 알고 있는 인생 역정 같았다. 그녀는 실업학교를 졸업하고 잠시 일을 하다가 결혼했고 세 아이를 낳았으며 모든 것이 완벽해 보였다. 큰 집, 똑똑한 아이들, 엄마가 일을 하지 않아도 될 만큼 넉넉한 남편의 수입. 아이들이 자라자 엄마는 대학 입시시험을 준비했다. 그 무렵 결혼이 파경을 맞았다. 이혼한 여성에게 친정의 지원은 없었다. 최근에 널리 유포된 주장, 즉 "위기의 시대에 가족은 가장 성공적 조직"이라는 주장이 이 경우에도—수백만 다른 경우가 그러하듯—탁상공론에 불과함이 밝혀졌다. 편지의 주인공은 이 모든 역경을 이기고 대학을 졸업했고 이어 석사를 거쳐 박사 학위까지 받았지만 나이가 너무 많고 경력이 부족하다는 이유로 교육수준에 맞는 직업을 구하지 못했다. 오랜 시간 가정을 지켰던 그녀가 내린 결론은 이러했다. "다시 한 번 전원적인 가정생활과 취업 중 하나를 선택해야 하는 상황에 처한다면 반드시 취업을 선택할 겁니다." 바로 그 일을 그녀의 후세대인 우리가 대규모로 실행에 옮겼다. 그리고 우리가 이해하지 못한, 우리가 예상치 못한 결과가 탄생했다.

앞의 여성보다 훨씬 젊은, 1980년대 대학에서 약학을 공부한 또다른 여성은 내게 보낸 편지에서 가정과 일을 결합시키려 했던 자신의 노력이 실패로 돌아갔다고 털어놓았다. 첫아이가 태어나던 해 그녀는 보조 의사 자리를 구한 남편을 따라 A시로 이사를 갔다. 둘째가 태어났고, A시에는 두 군데 기관에서 반나절만 운영하는 어린이집밖에는 없었다. 오전은 아이들을 데려다주고 데리고 오는 것으로 끝났다. 오후는 집에서 아이들을 봤다. 아이들이 학교에 들어가자 엄마는 파트타임으로 반나절 일을 했다. 하지만 남편이 과장으로 승진하여 B시로 일터를 옮기자 남편을 따라가기 위해 그 일자리마저 그만두었다. 하지만 이사 직전 남편은 자기 보조 여의사와 함께 B시로 가고 싶다고 말했다. 그녀는 두 아이와 함께 A시에 남았고 직장을 구했다. 그녀가 내린 결론은 이랬다. "20년만 젊다면 아이들을 위해 단 하루라도 일을 소홀히 하는 일은 없을 겁니다." 그 말에 맞장구를 칠 수밖에 없다. 자신의 보호자와 자손을 위해 직업과 교육을 포기한 여성에게 그 보호자가 어느 날 갑자기 자기 가구를 직장 동료 집으로 옮겨놓고 다시 한 번 젊어지고 싶다고 말한다면 그 여성은 어떻게 해야 한단 말인가?

이것이 현대 세계에서 거의 탈출구를 잃어버린 여성의 운명이다. 심지어 교육수준이 높고 직장 경험이 많은 여성들도 휘둘리기는 마찬가지다. 내 친구 중 하나는 전문의다. 결혼을 해서 세 아이를 낳았고 그 동안 남편은 과장으로 승진했다. 셋째가 태어난 지 몇 년 후 이 남편 역시 새 여자를 찾아볼 때가 왔다는 사실을 깨달았다. 이혼 후 내 친구는 세 아이를 혼자 키우느라 병원 야간업무를 감당하지 못해 사표를 낼 수밖에 없었다. 그리고 몇 년 동안 이리 저리 대타를 뛰다가 결국 실업자가 될 동안 이혼한 남편은 계속 출세가도를 달렸다.

결론은? 결혼하려면 더 주의해야 한다? 위험을 감수하지 말고 딱하나만 낳는다? 나중에 당황하지 않게 애당초 아이들을 혼자 기른다? 아무리 아이들이 소중해도 직장 일이라면 조금도 양보하지 않는다? 아니면 아예 직장을 포기하여 이혼으로 이어질 수 있는 빌미를 남편에게 제공하지 않는다? 이 모든 것을 고려할 수 있다. 하지만 그것으로 실제 문제가 해결되지 않았다. 결론이 없다는 것이 결론이니까 말이다.

설사 우리 마음에 들지 않는다 해도 지금보다 더 미련하게 굴지 않으려면 다시 질서를 잡아줄 간단한 처방전은 존재하지 않는다는 사실을 인정해야 한다. 우리는 성역할의 혼란 속에서 살고 있다. 그리고 그 혼란 속에서 길을 찾아내야만 한다.

새롭게 등장한 아빠들은 완전히 다르다

'취미 아빠(자기 하고 싶은 대로 하는 아빠)'에 대해서는 앞에서도 충분히 다루었다. 적지 않은 사람들이 부당하다고 생각할 정도로 많이 다루었다. 가족에 대한 책임을 '나몰라라' 하고 싶은 남자들, 아이들의 고통보다 자신의 고통을 우선으로 생각하는 남자들. 하지만 아빠의 3분의 2는 아내와 아이들을 궁지로 몰지 않았고, 많은 수의 아빠는 책임감 있게 직장에서 열심히 일할 뿐만 아니라 일찍 퇴근하여 기저귀를 갈고 설거지를 한다.

한 아버지는 이미 세세한 부분까지 계획을 마쳤음에도 첫아이가 태어나자 팀부크투 행을 포기하고 소도시에서 가장으로서의 삶에 만족하였노라고, 체념이 섞였지만 당당한 어투로 말했다. 그리고 두 아이가 더 태어나자 "팀부크투는 두 번 다시 논의의 대상이 되지 않았노라"고 말이다. 당연히 이 가장은 '부부 사이에 흐르는 고랑'에 대해 듣고 싶어하지 않았다.

또 다른 아버지는 "오늘날 90%의 아버지들이 '토마스'와 '고양이 핀투스'를 알고 있을 것"이라고 장담했다. 낮이나 밤이나 수영장 개장 시간과 딸 친구 여덟 명의 이름을 말할 수 있을 것이며, 열 살짜리 딸애가 즐겨 먹는 치즈가 무엇인지, 새로 산 '마다카스카르' 티셔츠는 어떻게 빨아야 물이 빠지지 않는지, 나아가 '도쿄 호텔(독일 아이돌 그룹)' 멤버들의 최신 헤어스타일까지 훤하다고 말이다.

내 마음에 쏙 드는 이 아빠는 요즘 아버지들이 이 정도는 보통이고, 리코더 연주법까지도 능통하다고 주장하였다. 물론 그런 교육의 열매가 실제로도 40대의 생활지식에 들어가지는 않지만 말이다. 만일 그의 말이 사실이라면 더할 나위 없이 좋다. 혹은 이제 곧 좋아질 것이다. 그런 편지의 주장대로 세상이 온통 그런 아빠들로 가득한 곧 닥쳐올 그 시대에는.

신 부성, 신 모성이 함께 개혁 가족을 제시해야 한다

물론 이런 새로운 아버지들이 있다. 우리 모두는 주말이면 대도시의 놀이터에서 그들을 목격한다. 그들은 모두 자장가의 두 번째 소절을 외우고 있고 아침마다 반복되는 양말 한 짝 찾기 소동에 동참하며, 아이의 승마 수업이 언제인지도 알고, 유치원 소풍날에는 물통을 잊지 말라고 아내에게 상기시켜 준다.

나의 염세주의를 몰아내기 위해 한 젊은 아빠는 이런 편지를 써 보내기도 했다. "내가 알고 있는 남자들은 자기 가족에게 전념하는 사람들이거나 아니면 2주에 한 번밖에 애들을 만날 수 없다는 사실 때문에 아이들에게 전념하는 사람들이다." 다행스럽게도 이런 아버지들도 있다.

나도 그들을 알고 있다. 우리 남동생이 대표적인 예이다. 그는 변호사이고 일이 산더미다. 하지만 퇴근해서 두 딸의 학예회 의상을 손

수 만들어준다. 그래도 우리 할머니의 경고와는 달리 고추가 바느질 쌈지에 떨어지지 않았다. 저녁 9시, 딸들을 재우기 전까지는 전화를 받지 않는다. 그리고 주말이면 아이들에게 선물한 난쟁이염소의 우리를 지어준다.

이렇듯 '신新 부성'은 새로운 창조물이 아니다. 이런 제목의 책들은 이미 25년 전에 선을 보였고 지금은 벼룩시장의 가판대를 장식하고 있다. 그런 책들을 들추어보면 이런 구절이 있다. "가부장제는 살아 있지만 부성의 당연함, 나아가 수장이라는 자부심조차 사라져버렸거나 허물어지는 중이다 아버지는 이제 문제꺼리가 되어버렸다." 그 문제를 신 부성이 풀어야 했다. 전통적 가족이 해체된 후 우리가 휘말려 들어간 가족, 역설의 해답이 그 안에 담겨 있는 듯했다. 신 부성과 신 모성이 함께 새로운 가족을, 가부장제 이후의 개혁 가족을 제시해야 했다.

이 신 부성 프로젝트에 투자한 에너지는 이익을 낳았다. 최단기간 안에 엄청난 숫자의 아버지들이 요지부동의 자리에서 물러났다. 물론 때로는 이를 부득부득 갈았지만 날로 많은 수의 아버지들이 놀이터에 나타나 몇 시간씩 그네 옆에 서서 그네를 밀어주었다. 저녁이면 아이에게 책을 읽어주기 시작했고 《유치원에 간 코니》에서 《릴리페 공주》에 이르기까지, 잠들기 전 네 살짜리 아이의 심금을 울릴 만한 모든 것을 알게 되었으며, 심지어 욕실에서 귀를 찢는 듯한 "아빠, 다 쌌어!"라는 외침소리에도 전혀 놀란 기색을 보이지 않는다.

아마도 남자들의 많은 수는 이러한 기존의 어머니의 영역으로 진출하면서 상당히 머뭇거렸을 것이다. 많은 수는 어느 정도의 거부감도 느꼈을 것이다. 마치 수천 년 동안의 남성 지배를 개인적으로 참회해야 한다는 심정으로 말이다. 하지만 전체적으로 볼 때 구시대의 역할에서 벗어난 남성의 '해방'은 성공사였다. 전통적이지 않은 가정의 아버지는 아이들에게 훨씬 넓은 행동의 스펙트럼을 제공한다.

아버지와 어머니를 둘 다 가진 아이들에게는 상호행동의 선택 사양이 비교할 수 없이 많아지며, 부모 양쪽과 강하게 결속된 아동들은 일반적으로 훨씬 뛰어난 능률, 마음의 평정, 독립심을 보인다. 반면 일찍 아버지를 잃은 아이들은 이런 상실의 결과를 오랫동안, 때로 일생 동안 소화해야 하기 때문에 불이익을 겪는다.

남성들 역시 여성 영역의 정복을 남성성의 상실로 보기보다는 이익으로 생각한다. 지금까지 우리가 배운 지식에 따르면 애정, 아이들과의 신체 접촉, 놀이, 바보짓 하기는 오로지 가부장 스스로가 자초한 고립으로 인해 경험하지 못했던 인간 보편의 감동이다. 순수 여성적 혹은 순수 유아적 감동이 아닌 것이다.

그럼에도 마음을 열고 낡은 역할 모델을 파괴하는 것은 깊은 불안을 의미하기도 한다. 방금 결혼한 대졸 새내기 부부가 더러운 프라이팬과 냄비의 담당 여부를 두고 또다시 합의를 보지 못하는 바람에 룸펠슈틸츠헨(동화 속에 나오는 난쟁이)처럼 공중으로 분해되어버린 크리스마스 파티가 전부는 아니다. 설거지 문제는 현대 "협상 가족(사회학자 울리히 베크가 '열린 개혁 가족'을 지칭하기 위해 만든 이름)"의 비교적 간단한 훈련에 속한다. 더 까다로운 건 타이어 갈기, 산에 오르면서 사나워진 암소 다루기, 양 울타리 만들기, 욕실 전구 끼워 넣기, 떨어진 서랍 손잡이 다시 붙이기 등이다. 이것들은 성별에 따른 자동처리 장치의 무인도에서 우리 가족에게로 날아온 블랙홀들이다.

이것들은 하나같이 무가치한 것들, 거론의 가치가 없는 것들이다. 하지만 동시에 중요한 것들이다. 가장이 벌써 기저귀를 갈았고 아침 식사까지 준비했는데도 달려오는 소를 막아 가족을 지켜야 할 의무가 그에게 있을까? 왜 엄마가 튼튼한 포도나무 지팡이로 소를 쫓으면 안 되는 건가? 아빠의 요리솜씨가 엄마보다 훨씬 좋은데도 반드시 엄마가 요리를 해야만 한다고 누가 정해놓았는가? 아빠가 딸에게 하이네의 시를 읽어주는 동안 엄마는 왜 교류전기의 비밀을 배우지 않는 것일까? 어떻게 해서 장작을 패고 정원의 잡초를 뽑는 일은 불법 체류 노동자가 해야 하는 일이라고 생각하게 되었을까? 그래, 내가 하고 싶은 말이 바로 이것이다. 가족 중 누가 어떤 일을 담당해야 하는가?

이 실례들이 한 폭의 그림 같은, 카니발의 역할 바꾸기 같은, 혹은 외국 손님이 엑스트라로 등장하는 명랑 가족 드라마 같은 느낌을 줄지도 모르겠다. 하지만 그 뒤에 숨겨진 건 완전히 새로 써야 할 성 역할의 문제이다. 그러기에는 21세기 한 가족의 지극히 평범한 일상이라는 이미 매일 공연되고 있는 연극의 극본이 가슴 아플 만큼 역부족이라는 현실이다.

한 세대 전만 해도 아버지가 아이를 재우러 침실에 들어간 적이 없다는 사실은 별로 수치스러운 일이 아니었다. 나에게도 우리 아버지가 재워준 기억이 없다. 아버지는 한 번도 학부모 행사에 참석한 적이 없었고 아이들 생일날 선물을 사들고 온 적도 없었다. 팬케이크를 구워준 적이 없었고 노래를 불러주거나 책을 읽어준 기억도 없다. 우리가 연극 공연을 할 때도 관객석에는 아버지가 없었다.

이 모든 것은 놀랄 일이 아니었다. 아버지는 늘 부재不在하는 존재였기 때문이다. 아버지는 항상 일을 해야만 했고 일을 마치고 집에 돌아오면 너무 피곤해서 아이들과 놀아줄 여력이 없었다. 전체적으로 볼 때 내 어린 시절은 아버지와 보낸 시간보다 흑백 TV 앞에서 보낸 시간이 훨씬 많았다. 이것이 불과 40년 전의 일이다.

신종 아버지들의 역할은 좀 달라질 것이다. 가족의 하늘을 각자의 관할 영역에 따라 컴퍼스로 정밀하게 재어둔다면 그들은 언짢아할 것이다. 어떤 아버지는 나도 공감할 만한 분노를 글로 적어 보냈다. "나를 포함한 적지 않은 남성들이 판에 박힌 남성 역할에 상당히 신물을 느낍니다. 견장에 최대한 많은 줄이 반짝이고 있어야만 자아실현을 실현했다고 자부할 수 있는 그런 역할들 말입니다. 아쉽게도 중년의 위기에 대한 깨달음은 너무 늦게 찾아옵니다. 이 즈음에 와서는 아이들이 벌써 자라 애가 아니거든요."

기저귀를 갈고 요리를 하고 빵을 굽고 아이들과 놀아주며 아이들을 쓰다듬는 새로운 만능 아버지의 일상은 어떤 모습일까? 나는 마초의 의심이 들지 않는 젊은 직장 남성 동료들에게 물어보았다. 거의 대부분이 아이를 재울 수 있는 시간에 집에 들어가지 못했다. 하물며 함께 놀아주고 쓰다듬고 빵을 굽고 요리하는 모습은 상상할 수도 없

여성학교

었다. 물론 나의 설문조사가 전체를 대표할 수 있는 건 아니지만 그래도 그 조사의 결론은 이러하다. 신 부성은 외적 생활의 문제가 아니다. 오로지 내적 자세의 문제이다. 젊은 아빠들은 대체로 아이들을 보살피고 아이들의 응석을 받아주고 아이들과 뒹굴 수 있는, 한마디로 아빠 노릇을 할 마음의 준비가 되어 있다. 하지만 실질적으로 그럴 만한 기회가 거의 없다.

함부르크 교외에서 살 때 이웃에 살던 한 젊은 부부가 떠오른다. 그들은 꾸밈이 없고 유행에 민감한 사람들이었다. 역할의 모호한 경계, 대혀 자가용이 특징인 부부였다. 그들이 처음 마련한 집은 최신 램프와 디자인으로 장식을 했다. 젊은 남자는 광고 회사에서 돈을 벌었고 우리는 일요일이면 가끔씩 정원에 나와 있는 그를 보았다. 그들이 언제 둘째 아이를 낳았는지, 우리로서는 상당한 수수께끼였다. 옷차림만 보면 파리나 뉴욕이 더 어울릴 법한 젊은 아내는, 그러나 수백 년 전의 풍경처럼 매일 유모차를 밀고 깔끔한 앞마당을 따라 혼자서 마트에 다녀왔다.

부부의 포장은 변했지만 멋들어진 의상 아래 부부의 역할에 대한 모든 것은 사실상 그대로였다. 적어도 함부르크 교외에서는 그랬다.

신종 아버지는 금세
옛날 아버지들의 모습으로
되돌아간다

꼭 그래야만 할까? 신종 아버지들이 다시금 옛날 아버지들의 모습으로 돌아가야만 할까? 다람쥐 쳇바퀴를 멈춰 세우고 그들에게 잠시 내려달라고 부탁할 사람이 정녕 하나도 없단 말인가? 어쩜 우리 여성들은 남몰래 남성들이 다람쥐 쳇바퀴 돌기를 기대하고 있는가? 이런 새로운 성 역할의 무질서로 인해 엄청난 혼란에 빠진 함부르크의 한 남성은 내게 장문의 편지를 써 보냈다.

"그대들, 사랑스럽고 아름다우며 똑똑하신 여성들이 약간만 쇠약해져도, 혹은 그대들의 공주 의상을 벗어 못에 걸어둔다면, 비록 우리가 수레 가득 돈을 싣고 집으로 돌아오지는 못한다 해도 어떻게든 써먹을 데가 있다면 영원한 청년은 진짜 남자가 될 것이라고 약속한다."

신종 남성을 얻자면 여성들만 변하면 된다는 것일까? 결국 또 여자들에게 세상의 책임을 떠넘기는가? 우리의 경험은 이런 약속과 어긋난다. 유감스럽게도 대부분의 젊은 아버지들은 지금까지도 아이들을 위해 속박을 받아들일 준비가 되어 있지 않다. 82%의 아버지들이 아이들을 위해 시간을 더 내고 싶다고 주장한다. 하지만 그것은 말뿐이다. 개방적인 젊은 아버지들 중에서도 집에 신생아가 있다는 이유로 중요한 출장을, 회의를, 초연을 취소할 사람은 거의 없다. 가족을 위해 파트타임 일을 선택한 아버지의 비율은 1.5%에 불과하다. 엄마의 50%가 바로 그 일을 하고 있는 현실에서 말이다. 양육권 소송의 현주소 역시 남자들이 아이를 위해 직장의 불이익을 감수할 각오가 되어 있을 것이라는 희망을 주지 못한다. 물론 이혼 후 양육권을 쟁취한 극소수의 아버지들은 아이를 위해 근로시간을 줄일 각오가 되어 있을 것이다. 하지만 혼자 아이를 키우는 엄마들의 대부분은 그 방법 말고는 다른 대안이 없다.

이혼 이후 아버지들의 행보 역시 슬프기는 마찬가지다. 자신의 권리를 위해 온 세상이 떠들썩하게 싸우는 소수의 선동가들을 제외하면 이혼한 아버지는 평균적으로 아이들에게 별 관심을 보이지 않는다. 부모의 이혼 후 아버지와 접촉을 갖는 아이의 비율은 60%에 불과하며, 그나마 가깝고 다정한 관계는 그 60% 중에서도 3분의 1에 머무른다. 나머지는 일 년에 몇 차례 만나는 수준에 그친다. 이 사실은 이혼한 아빠의 40%가 아이들과 일체 접촉을 하지 않는다는 것을 의미한다.

앞에서 소개한 가족 찬양가를 외쳐댄 우리 할아버지는 첫 결혼에서 낳은 여섯 아이가 위탁가정으로 밀려가는 것을 빤히 지켜보았다. 이것 역시 아버지의 잔혹함과 이중 도덕을 잘 보여주는, 오래 전에 지나가버린 구시대의 이야기일지도 모르겠다. 하지만 현재 활동 중인 가족 옹호자들과 가족의 생존력을 강조하는 선전가들에게도 역시 그들의 아이들을 지금 누가 기르고 있는지에 대해 물어보지 않는 편이 나을 것이다.

이혼 후 자녀양육

한국의 경우, 여성가족부가 여성정책연구원에 2006년 의뢰해 조사·발표한 '이혼 후 자녀양육 실태조사' 결과에 따르면 이혼 후 자녀를 키우는 한부모들이 전 배우자로부터 받는 양육비 지원은 12.7%에 불과하며, 통상적으로 법원의 판결을 통해 지급받을 수 있는 30만원 내외의 양육비는 매우 부족하다고 느끼고 있는 것으로 조사됐다.

이혼 후 가족관계의 변화를 보면, 이혼 후 동거하지 않는 비양육부모와 자녀들이 '어떠한 연락이나 교류도 이루어지지 않는다'는 응답이 절반에 가깝고(47.8%), '정기적으로 만나고 있다'는 응답은 9.8%에 불과했다. 그 밖에 '특별한 일이 있을 때 만나고 있다'(31.5%), '편지, 이메일, 전화연락만 하고 있다'(10.9%)로 나타났다. 이러한 상황은 독일에 비해 한국에서 이혼 후 함께 동거하지 않는 비양육부모와 자녀간의 접촉이 훨씬 낮고 심각한 것으로 보여진다.

또한, 이혼 전후 비양육부모와의 친밀성 정도가 어떻게 변화되는

자료 23 비양육부모와 자녀의 교류 정도

(단위 : 명, %)

구 분	정기적으로 만나고 있다	특별한 일이 있을 때마다 만나고 있다	편지, 이메일, 전화연락만 하고 있다	전혀 연락이나 교류가 없다	계
전체 응답자	38(9.8)	122(31.5)	42(10.9)	185(47.8)	387(100.0)

*출처 : 한국여성정책연구원, 〈이혼 후 자녀양육실태조사〉, 2006

여성학교

지를 살펴보니 이혼 전에는 비양육부모와 자녀가 '친밀했던 편'이라
고 응답한 비율이 51.6%였는데 이혼 후에는 '친밀한 편'이라는 응
답율이 27.4%로 약 절반가량 낮게 나타났다.

자료 24 이혼 전후 비양육부모와의 친밀성 정도

(단위 : 명, %)

구 분	매우 친밀했다	대체로 친밀한 편	보통/ 그저 그렇다	대체로 친밀하지 않은 편	전혀 친밀하지 않음	무응답	계
이혼 전	71(18.3)	129(33.3)	113(29.3)	50(12.9)	24(6.2)	–	387(100.0)
이혼 후	20(5.2)	86(22.2)	103(26.6)	56(14.5)	117(30.2)	5(1.3)	387(100.0)

＊출처 : 한국여성정책연구원, 〈이혼 후 자녀양육실태조사〉, 2006

지금, 아버지의 존재는
희비극적 인물로 변해버렸다

    역사상 처음으로 아버지들이 불안해 하고 있다. 아버지노릇, 어린 딸을 책임지고 키우며 느낀 절망과 행복을 이야기한 페터 한트케 Peter Handke의 《아이 이야기Kindergeschichte》는 20세기까지만 해도 상상할 수 없었던 섬세함을 담고 있다. 아이와의 '말 없는 유대감', '주고받은 잠깐의 눈길, 아이 옆에 앉기', '행복한 일체감 속에서 느끼는 친밀함'의 꿈은 예술가의 영혼에 담긴 섬세한 감성은 물론 전혀 새로운 형태의 진실한 부성이 비로소 깨어났음을 말해 준다.

    그리고 그로 인해 가장은 희비극적 인물이 되어버렸다. 새로운 아버지의 다정함은 절망의 몸짓으로 어디서도 찾을 수 없는 새로운 사회적 표현 형태를 찾고 있다. 어떻게 해야 하나? 다정한 아빠 페터 한트케처럼 집에서 애들을 봐야 하나? 새로 눈뜬 부성을 조금이나마 실천하기 위해 파트타임 일자리를 감수해야 하나? 아니면 예전처럼 혼자서 가족을 부양하고 아이들은 엄마에게 맡겨야 하나?

첫 번째 변형은 살림하는 남편의 온갖 단점을 감수해야 하는 단순한 역할 교환이다. 두 번째 변형은 아이의 어머니가 겪고 있는 것과 똑같은 어려움을 아버지에게도 던진다. 책임이 막중한 일 중에서 이른 오후부터 손에서 놓아도 되는 일이 과연 얼마나 되겠는가?

하지만 옛부터 효능을 인정받은 세 번째 변형 역시 날이 갈수록 불가능한 것으로 드러나고 있다. 다정다감한 아빠가 아무리 바란다 해도 후기 자본주의 사회의 생활비용을 고려할 때 가족을 혼자서 부양하기란 거의 불가능하다. 독일 대도시에 사는 4, 5인 가족을 혼자서 먹이고 재우고 보통 정도로 입히고 교육시키자면 최고 연봉을 자랑하거나 물려받은 유산이 엄청나야 한다. 온전히 자기 외동아이에게 전념하기 위해 그런 물주 아담을 원하는 이브는 남성적 능력주의 사회의 최상위 '금단추 계층'에서나 원하는 짝을 찾을 수 있을 것이다. 오늘날의 남편들은 아내의 수입에 완전히 의존한다. 이런 관점에서 보아도 남성들은 이미 완전히 패배하였다.

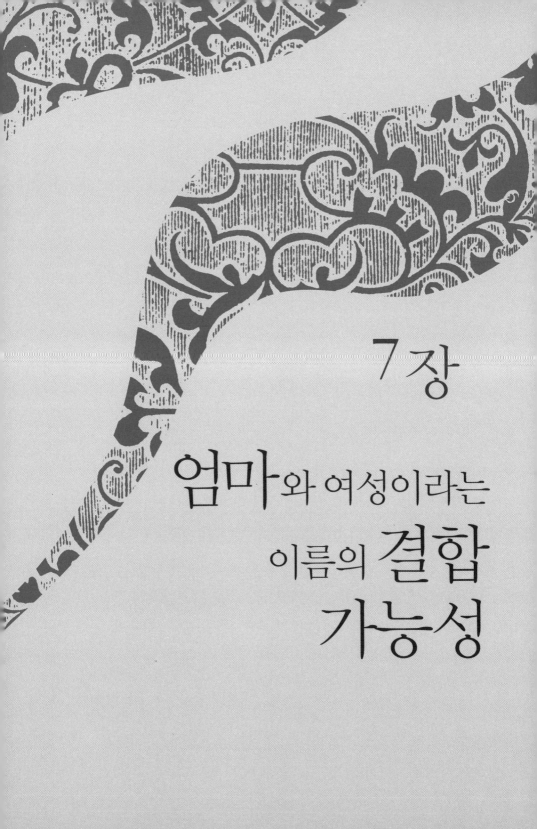

7장

엄마와 여성이라는

이름의 결합

가능성

바야흐로 여성의 시대가 시작되었다

여성 해방은 알리스 슈바르처(Alice Schwarzer, 독일 여성운동의 대모로 여성 잡지 〈엠마Emma〉의 발행인)나 시몬느 드 보부아르의 공이 아니다. 물론 두 사람은 교양세계의 넓은 계층에서 널리 읽혔고, 그 열렬한 독서의 열매는 환영할 만한 결과를 낳았다. 하지만 직업 및 교육의 평등으로 이어진 결정적 전환점은 서적 시장도 〈엠마〉의 편집부도 아니었다.

그 전환점을 강요한 건 우리 생활의 기술 혁명과 산업 혁명이었다. 성 역할을 지난 몇십 년처럼 그렇게 급격하게 변화시키고 다른 성의 역할 쪽으로 이끌어간 것은 《아주 작은 차이Der 'kleine Unterschied' und seine großen Folgen》도, 보부아르의 역작 《제2의 성 Le Deuxième Sexe》도 아니었다. 수천 년 동안 상상도 할 수 없었던 일을 이루어낸 건, 즉 남성과 여성의 일상을 거의 유사하게 만든 건 직업 및 교육 시스템과 의학 발전이었다.

믿을 수 없는 일이 믿을 수 없을 만큼 단기간에 일어났다. 유전적으로 채집과 요리, 바느질, 육아, 간병 이외에는 다른 일을 할 수 없도록 프로그래밍되었다던 여성들이 불과 한 세대 만에 비행기를 조종하고 기업을 운영하고 폐 수술을 집도하고 산업 국가를 지휘하고 그 비슷한 사소한 일들을 배워버렸다. 물론 모든 여성들이, 그리고 충분한 여성들이 이런 혁명적 변혁의 과정에 편입된 건 아니다. 하지만 과거와의 큰 차이점은 부지런히 마트를 찾는 여성에게도 머지않아 디자이너, 버스 기사, 기업 고문이 될 수 있는 가능성이 열려 있다는 사실이다.

이것은 거의 기적에 가깝다. 우리가 그 기적에 크게 놀라지 않는 이유는 오로지 초단기간 안에 그것이 당연한 일이 되어버렸기 때문이다. 눈이 빙빙 돌 정도의 속도로 진행되는 현대화에 적응하는 과정에서 여성들은 놀랄 정도로 적은 어려움밖에는 겪지 않았다. 이미 남성보다 교육을 더 많이 받은 젊은 여성들이 적지 않지만, 이런 상태가 아직 사회 지도층 요직에까지는 밀고 들어가지 못했다는 사실에 너무 우려할 필요는 없다.

평화시절의 현대화 과정은 되돌리거나 멈출 수 없는 것이기에 남성과 여성이 모든 분야에서 동등한 권리를 얻는 건 시간문제일 뿐이다. 앞으로 1~2 세대만 지나도 젊은 여성이 힘들게 배운 고도의 전문지식을 활용하지 않고 낙후시키는 상황은 상상도 할 수 없을 것이다. 바야흐로 여성의 시대가 시작된 것이다.

사냥하는 아담, 청소기 미는 이브의 낙원 세계는 영원히 문을 닫게 될 것이다

　여성사의 전환점이 될 만한 이런 흥분되는 과도기에 들려오는 소리는 성 역할에 대한 재정의를 촉구하는, 걱정하는 척하는 것에 다름 아닌 맥 빠진 목소리들뿐이다. 예를 들어, 남녀는 뇌 부위가 다르게 형성된다는 사실을 밝혀낸 뇌 연구 결과가 이상적인 사회적 역할 분담이라는 결론으로 이어진다. 그래서 어떻게 해야 한다는 건가? 현직 여성 수상을 뇌생리학을 근거로 간병인이나 보모로 재교육시켜야 한다는 말인가? 새롭고도 낡은 생물학주의는 생물학적 삶과 사회적 삶을 혼동하고 있다. 생물학주의는 반동적이고 퇴행적이며 어떤 근거도 없다.

　그럼에도 이 순간 도처에서 생물학주의적 가족 이데올로기가 유행이다. 이해할 수 있는 일이다. 우리 모두는 친숙한 동거 구조가 급속도로 해체되는 경험을 하고 있다. 우리는 과거의 확실성과 일일이 따지지 않아도 되는 가족의 조직 형태가 그립다.

이런 복잡한 상황에서 간단한 조언을 제공하는 사람에게 누구나 귀를 기울인다. 가족생활의 무질서에 다시 전망과 질서를 찾아주려는 모든 시도는 얼른 보기에는 이 문제에 도움이 될 듯하고 짐을 덜어줄 듯 보인다. 정말 믿을 수 있는 확실한 것이 있다면 불안한 가족 실험자가 얼마나 마음을 놓겠는가?

현대의 역사는 그런 식의 유토피아로 가득하다. 현대에는 온갖 가능한 대안적 성격과 보수적 성격의 반反 현대적 요소들이 다수 포함된다. 때로 반 현대는 중요한 교정수단이다. 수많은 값비싼 현대화의 상품들을 진열장에 넣어두고, 살림하는 남편 같은 효과가 입증된 메뉴를 택할 수도 있다는 사실을 상기시켜 준다. 대부분이 옳은 말이다. 현대화의 혜택이 아무리 많아도 현대화의 비용이 지나치게 높다는 주장에 이의를 제기할 사람은 없기 때문이다.

그럼에도 오랜 역사를 자랑하는 반 현대화 경향이 진보의 수레바퀴를 멈춘 적은 단 한 번도 없었다. 전쟁, 전염병, 자연 재앙, 압제가 그런 힘을 발휘할 수는 있다. 하지만 다른 지표는 모조리 그대로인 상태에서 자기 부엌, 애들 방의 개별적인 복고는 실현될 수 없을 것이다. 결혼과 가족을 제외한, 도처에서 신성한 세계가 사라져버린 현실에서 스스로 그 세계의 파괴에 기여한 사람이 결혼과 가족의 친밀함을 통해 '신성한 세계'를 구원하려 한다면 정말로 대단한 거짓말 재주가 필요할 것이다.

신성한 세계는 어떤 모습이어야 할까. 주부는 초콜릿 케이크와 아이들의 행복을 생산하는 데 전념하고 가장은 이사 회의와 국제회의의 사냥터로 떠난다? 천사 같은 아이들을 위해 엄마는 아이를 데리고 전원주택으로 들어가고, 아빠는 비포장도로를 달리는 사륜구동 자동차를 최대한 대도시 고객의 구미에 맞도록 포장하려 애쓴다? 엄마는 딸들과 멋진 조랑말이 있는 아름다운 호숫가 집에서 평화롭게 살고, 아빠는 호숫가에서 말을 타기는커녕 매일 입었는지 벗었는지 알 수 없는 옷을 입고 눈 뜨고 보기 힘든 저질스러운 포즈를 취하고 있는 베를린 통속 잡지의 편집실에서 월요일에서 토요일까지 일주일 내내 인간 사냥을 한다? 물론 극단적인 사례일 수 있다. 하지만 덜 극단적인 경우들도 마찬가지다. 고도로 발달한 산업국가에서 이미 야생의 전원은 존재하지 않으며, 겉보기에는 경제와 분리된 듯한 신성한 여성성의 공간들도 알고 보면 진실하지도, 선하지도 않으며, 생물학적으로 가치 있는 전원적인 보금자리도 아니다.

그런 보금자리에만 틀어박혀 있는 여성들은 전시품의 아우라(Aura, 흉내낼 수 없는 고고한 분위기)를 풍긴다. 그들은 외부세계의 생활조건과는 인공적으로 분리된 영역에서 자신의 세계를 펼친다. 남성의 일터가 절반 정도 혹은 완전히 가족의 일상으로 밀고 들어왔던 과거와는 다를 것이다. 과거에는 가게, 병원, 교회, 작업장, 마구간, 학교가 식탁 바로 옆에 붙어 있었으니 말이다. 아버지가 멀리, 아주 오래도록, 심지어 다른 도시에서 가상의 사업세계를 오가는 오늘날에, 남겨진 아내와 아이들의 전원은 일종의 격리병동의 성격을 띠고 있다.

전통적 가족에서는 단 한 번도 서로의 생활 세계가 지금처럼 멀리 떨어져 있지 않았던 아내와 남편들이, 서로에 대해 날로 비현실적인 관념을 발전시키고 이상적인 남성성 혹은 여성성의 동화 같은 이미지들로 자신의 고독을 보상하고 있다는 사실은 놀랄 일이 아니다. 미래에 필요한 가족은 이런 고독과 이상화의 막다른 골목을 벗어나야만 한다.

원래의 성이라는 꿈의 이미지를 만들어내고 전근대적인 가족의 성격들을 자연법칙의 수준으로 격상시킨다면 발전은 없을 것이다. 성역할을 새롭게 구상하고 엄마와 아빠의 생활세계가 서로 근접하지 못하는 가족에게 생존의 기회는 없을 것이다. 사냥하는 아담과 청소기 미는 이브의 낙원 세계는 이제 곧 영원히 문을 닫게 될 것이다.

기술 분만은 가부장 시대의
유물이다

어떻게 엄마가 될까? 임신에 대해서라면 충분히 알고 있다.

하지만 출산은 아이를 낳아보기까지는 도무지 알 길 없는 수수께 끼와도 같은 과정이다. 현실적으로 병원에서의 출산은 질병과 똑같이 첨단 의학이 담당한다. 독일 병원의 분만실에 처음 발을 들여놓은 사람은 하얀 타일이 박힌 정육점이나 실험실에 들어온 것 같은 기분이 들 것이다. 만찬에 어울리는 냅킨까지 각양각색으로 갖추어놓았고, 별장에 어울릴 만한 프로방스 산 목욕탕 타일까지 공급해대는 복지국가가, 마치 사형수용 감방과 흡사하고 창문이 없는 경우도 흔하며 형광등이 환한 위생적인 감옥 같은, 오로지 기술 감독의 편리만을 생각하여 설계한 비좁은 고층 건물의 방에서 아이들을 낳게 한다.

그 사이 안전한 출산의 심리적, 신체적 몫에 대한 필수 사항이 알려졌음에도, 의학은 지금까지도 출산하는 산모를 수리대에 펼쳐놓고 집게와 에어펌프로 신속하게 갈아치워야 하는 고장난 자동차 부품처럼 취급한다. 이런 상황에서 녹초가 되어버린 산모에게 병원은 다시 마취와 가위로 도움의 손길을 제공한다.

이런 출산 산업이 여성과 아이들에게 입힐 정신적 피해는 그 어떤 병원 결산에도 반영되지 않고, 그 때문에 거의 계산되지 못하고 있다. 겸자분만, 제왕절개, 수유의 어려움, 이 모든 것은 승리를 구가하는 기술혁명이 낳은, 겉보기에는 제거할 수 있을 것 같은 수리 가능한 부작용이다. 물론 칭찬할 만한 예외들도 있다. 출산의 인간적인 척도를 회복하려 노력하는 조산소, 의사, 산파들이 있기 때문이다. 그럼에도 보편적으로 행해지고 있는 기술 분만은 여전히 공포심을 조장하는 쓸데없는 가부장 시대의 유물이라고 봐야 한다.

자연적인 모성애란 없다

동화를 보면 여성의 모성애는 지극히 자연적인 것 같지만 현실적으로 젊은 엄마들이 아이를 낳자마자 행복한 엄마가 되는 경우는 극히 드물다. 오히려 정반대다. 처음에는 자신이 갓 낳은 아이가 아주 낯설었고 출산의 충격 때문에 멍한 상태였기에 현대 여성들은 대부분 신생아와의 만남이 힘들었노라고 고백한다. 처음에는 자기 아이가 무작위로 배당받은 한 아이일 뿐인 듯한 느낌일 수 있다. 그러다 서서히 시간이 가면서 결속감이 싹트고 아이는 세상 무엇과도 바꿀 수 없는 내 자식이 되는 것이다. 이런 결속의 작업을 회피하거나 그 작업을 주 60시간의 근로시간에 포함시킬 수 없는 아빠들은 때로 평생 그런 결속감을 느끼지 못한다.

내 친구 하나는 두 아들을 두었는데 첫아이를 낳았을 때 일주일 만에 아이를 다시 병원에 갖다 맡겼다. 너무 힘들어 어찌할 바를 몰랐기 때문이다. 나 역시 비슷했다. 말도 안 되는 충고들에 귀를 기울여 아이를 딱 정해진 시간에만 젖을 주었으며 버릇이 나빠질까봐 안아주지도 않았고 "원칙이 있어야 한다"는 온갖 헛소리들을 그대로 따랐다. 우리 세대 대부분의 여성들이 그러하듯 나 역시 직접 아기를 키워본 경험이 부족했기 때문에 그럴 수 밖에 없었다.

자기가 낳은 아이에 대한 예민함은 타고나는 것이 아니다. 각 사회마다 문화의 차이에 따라 달리 형성된다. 현대 산업사회의 경우 아이의 욕구에 다정하게 반응할 수 있는 엄마의 능력은 다양한 요인에 따라 좌우된다. 아이 아빠와의 관계, 다른 사람들, 특히 다른 여성들과 가족 구성원의 지원, 여성 자신의 심적 상태, 유년기에 직접 경험한 결속감, 아이에게 거는 기대, 일반적인 교육관, 그리고 아이와 함께 공동의 경험을 쌓을 수 있을 만큼 충분한 시간도 여기에 포함된다. 다른 말로 하면 모성애란 부성애와 똑같이 당연한 것이 아니라 계발해야 하는, 많은 착오와 방해를 감수해야 하는 특성이다. 아이는 금방 낳지만 엄마의 결속감이 생기기까지는 오랜 시간이 걸린다.

좋은 엄마가 무엇인지
정확히 아는 사람은 없다

좋은 엄마가 무엇인지 나는 지금까지 알지 못한다. 하루 종일 아이를 위해 대기하고 있는 엄마, 자기 인생을 자식을 위해 헌납한 엄마, 최대한 많은 시간을 아이를 위해 봉사하는 엄마가 좋은 엄마일까?

결속이론에 의하면 적어도 아이가 유아기 시절에는 그래야 한다고 주장한다. 생후 몇 개월 동안 하루의 대부분을 부모와 떨어져 보낸 아이들은 질서가 없고 결속력이 약하다고 한다. 또 나이 들어서는 정신적 안정과 자신감, 세상에 대한 신뢰가 부족하다고 한다. 스스로가 만족스러운 결속과 배려의 경험을 쌓지 못했기 때문에 타인을 배려하는 관계를 맺기 힘들고 남에게 책임을 전가할 수 있다고 말이다.

결속력이 약한 아동들은 어른이 되어서도 남을 배려하기보다 누리지 못한 타인의 배려를 얻어내려 애쓴다. 유아기적 욕망에서 평생 해방되지 못하고 아동기의 미성숙에서 해방되지 못한다. 어른이 되어서도 끊임없이 타인의 인정을 받기 위해 애쓴다. 어릴 적 받아보지 못한 생일 선물을 산더미처럼 받기를 바라고, 감기만 걸려도 목숨이 위태로운 중병인 양 호들갑 떨어 부족했던 엄마의 간호와 보살핌을 주변사람들에게 강요하기 쉽다.

자식을 나르키소스(자기애)적 인격장애에 빠뜨리지 않고 유아기의 '공생적' 발달 단계를 최대한 장애 없이 보내게 하려면 일체의 직업활동을 금하고 아침부터 저녁까지 직접 아이를 봐야 한단 말인가? 이 질문의 해답을 구하는 엄마라면 이 순간 제 입맛에 맞는 온갖 학술적 대답을 얻을 수 있다. 모든 여성들이 자신의 생활조건에 맞는 대답을 고른다. 일곱 아이의 어머니이자 유명 변호사인 한 여성은 태어난 지 몇 달 안 된 막내를 주중 5일 동안 몇 백 킬로미터 떨어진 곳에 맡겨두면서 나에게 결속이론은 말도 안 되는 헛소리이기 때문에 자기는 전혀 신경을 쓰지 않는다고 장담했다. 늘 바쁜 어느 여성 TV 진행자는 외동아이를 열 살이 될 때까지 비싼 돈을 들여 남의 손에 맡겼는데 결속이론을 알게 된 후 자신의 행동을 후회하고 있다고 했다. 내 친구 하나는 결속이론이 뭔지도 모르지만 자발적으로 다섯 아이를 위해 10년 동안 집에서 살림을 했다. 어린아이는 한 사람이 돌봐야 한다는 확신 때문이었다. 누구 말이 옳을까?

어린아이에게는 믿을 수 있는, 지속적인 육아 담당자가 있어야 그와의 관계를 통해 안정된 자아를 형성할 수 있다는 주장에 대해서는 이론의 여지가 없다. 이런 자극이나 반영이 부족할 경우 인간은 찾지 못한 '정상적 자아'를 상상의 '압도적 자아'로 대체한다. 하지만 그 '압도적 자아'는 그 사람 자신에게도, 주변 사람들에게도 든든한 버팀목이 되어주지 못한다. 유아기의 안정감이 부족하면 훗날 어른이 되어서도 늘 불안하고 신경질적이고 공격적이며 공포를 잘 느끼게 된다. 또한 과잉 행동장애에 빠지거나 애정결핍에 시달릴 위험도 높다. 이해관계에 따른 의견의 차이에도 불구하고 이 지점에서만큼은 모두들 의견을 같이 하고 있다.

고아원에서 보낸 유년기가 건강하고 균형 잡힌 인격 발달에 기여한다고 주장할 사람은 없다. 하지만 그 말이 구체적인 현실에서 육아 담당자가 얼마나 지속적이어야 하는지를 가르쳐주지는 않는다. 사실 갓난아기에게 '믿을 수 있고' '지속적'이란 말이 정확히 무슨 의미일까? 안정감은 어디서 끝나며 지나친 불안은 어디서 시작되는가? 돌 무렵의 아기를 어린이집 종일반에 맡기면 어떻게 되나? 생후 6개월 된 아기를 탁아소에 맡기면? 아니면 동독의 여성 노동 영웅들처럼 주말 탁아소에 맡기면? 마음의 안정을 유지하기 위해 갓난아기가 부모와 같이 보내야 하는 시간은 도대체 하루 몇 시간일까? 특히 유아의 경우는 몇 시간일까?

어떤 엄마도 이런 당면 문제에 대해 믿을 만한, 확실한 해답을 아직 알지 못한다. 적지 않은 결속이론의 이론가들은 어린아이를 온종일 어린이집에 맡겨보라고 권한다. 그런데 이 경우 아이가 울면서 어린이집에 안 있으려고 하면 이 아이는 어머니와의 결속감이 부족하다고 본다는 것이다. 어머니와 문제가 없는 아동은 어머니와 떨어져 있어도 두려움을 느끼지 않는다는 것이 그들의 확신이다.

하루 종일 직장에서 일을 해야 하는 엄마는 이런 이야기를 들으면 당황하게 된다. "그럼 아이를 어린이집에 보내고 일하러 가도 좋을 만큼 결속감이 좋은 때는 과연 언제인가요?" 아이가 아침마다 어린이집이 눈에 들어오는 순간 울며 엄마에게 매달린다면 과연 그녀는 무엇을 잘못한 것일까?

우리는 어린이집 종일반에서 생활하는 세 살 이하의 어린이에 대해 아는 바가 그리 많지 않다. 독일에서 제법 큰 도시에만 국한된 이런 종일반 서비스를 이용하는 엄마의 비율은 아직 전체의 5%에 불과하다. 유아기의 아이를 두고 전일제 근무를 하는 독일 여성의 숫자가 그렇게 미미하기 때문이다.

나는 그 미미한 숫자의 비율에 포함된 엄마이며 지금까지도 내가 잘했는지 잘못했는지 정확히 알 수 없다. 하지만 나의 감정은 나의 선택이 기분에 따라, 가족의 상황과 심리 상태에 따라 딸에게 거의 혹은 전혀 피해를 주지 않았다고 말할 수 있다. 한 가지만은 분명하다. 모두에게 통하는 정답이란 없다.

일하는 기혼 여성의 이중고

한국사회에서 자녀의 보육시설 이용에 대해 알아보기 위해 여성가족부 연구 자료(〈전국적 보육실태조사〉, 2005)를 보면 취업모 가정의 아동의 경우 보육시설을 이용하는 비율은 46.6%로 나타났다. 보육시설 이용기간에 있어서는 주 5일을 이용하는 아동이 전체 시설 아동의 78%이고 주 6일을 이용하는 아동이 21.6%였다. 시설 이용시간은 1일 평균 7시간 20분이며 세부적으로 취업모의 경우는 8시간 4분, 미취업모는 6시간 29분을 이용하는 것으로 나타나 일반적으로 장시간 자녀를 보육시설에 맡기고 있었다. 또한 대도시일수록 아동을 늦게까지 보육해 줄 것을 바라고 있었다. 시설 유형별로 봤을 때는 20인 이하 규모인 가정보육시설(놀이방)이 가장 늦게까지 보육수요가 있는 것으로 나타났다.

한국에서는 기혼여성이 자녀양육의 어려움으로 취업이나 출산에 지장이 있다는 것이었는데, 여성이 결혼 후 취업을 중단한 경험이 있는 비율은 38.4%였고 중단 이유로는 자녀양육이 64.9%, 임신출산에 따른 직장 불이익 때문이 12.6%였다. 또한, 미취업모의 경우 미취업 사유는 자녀양육을 위해서가 49.1%, 자녀를 안심하고 맡길 곳이 없어서가 23%로 나타나 여성이 취업하여 자녀를 맡길 만한 보육 상황이 매우 열악함을 예상해 볼 수 있다. 취업 때문에 출산이나 자녀수를 조절한 경우도 15.2%가 되어 여성이 취업과 양육을 병행하는데 어려움이 많음을 보여주고 있다.

자료 25 미취업모의 경우 취업하지 않는 이유

(단위 : %)

구분	체
일하고 싶지 않아서	4.1
일하고 싶으나 적당한 일자리가 없어서	18.1
일하고 싶으나 자녀를 안심하고 맡길 곳이 없어서	23.0
일하고 싶으나 자녀양육과 가사에 전념하기 위해서	49.1
일하고 싶으나 주위의 반대로	1.3
건강상 이유로	3.5
기타	0.9
계	100.0

＊출처 : 여성가족부, 〈전국적 보육실태조사〉, 2005

아이의 불행은
엄마의 불행

　울며 떼쓰는 생후 9개월 된 딸아이를 매일 아침 내게서 억지로 떼놓으며 젊은 어린이집 선생님이 나에게 했던 말이 아직도 생생하다. "엄마가 믿으셔야 해요. 아이의 생각에는 모르는 것이 없고 무엇이든 할 수 있는 엄마가 근심에 싸여 얼굴을 찌푸리면 어떻게 될까요? 아이는 엄마 손을 놓으면 아주 무시무시한 일이 일어날 거라고 생각하게 됩니다."

　그녀는 이런 말을 하고 싶었는지도 모른다. "여기서 우는 사람은 아이가 아니라 당신이에요. 아이를 떼놓고 직장에 가고 싶지가 않은 건 바로 당신이니까요. 아이가 그런 당신의 기분을 느끼고 엄마 대신 울어주는 거예요. 대리 울음인 셈이죠. 가족 갈등이 없고 기쁜 마음으로 일터로 가는 엄마, 아이가 어린이집에서 잘 지내며 친구들과 재미있게 지내기 때문에 아무 걱정이 없는 행복한 엄마의 아이는 절대

울지 않아요." 물론 이런 추측의 진실 여부를 한 점 의혹도 없이 확실히 밝힐 수 있는 사람은 없을 것이다. 하지만 많은 정황으로 미루어 볼 때 젊은 선생님의 말은 옳았다.

어린아이의 행복이나 불행은 실제로 부모의 행, 불행에 대한 상당히 직접적인 반응이다. 돌쟁이 아기와 한 번이라도 함께 살아본 사람이라면 아기의 타고난 행복의 능력이 얼마나 막강하며 찬란한지 잘 알 것이다. 아기의 주변 환경—부모, TV, 질병, 배고픔 등—이 특별히 훼방을 놓지 않는다면 아기는 아무 이유 없이도 행복하다. 아기는 특별한 계기가 없어도 환하게 웃는다. 이 세상 그 누구도 아기처럼 그렇게 완벽하게 상대를 믿고 기분이 좋은 상태가 될 수는 없다. 이런 원초적 행복은 어린아이에게 내린 자연의 선물인 듯하다. 물론 그 선물만 빼면 생후 1년 이내의 다른 포유동물보다 다루기가 까다롭지만 말이다. 원초적 행복은 시간이 가면서 사라지고 그 자리에 우리가 잘 알고 있는 조율된 기분이 들어선다. 하지만 생후 2년 안에 이런 원초적 행복을 파괴하자면 약간의 노력이 필요하다.

어린아이에게 집에서 엄마랑 있을 건지 어린이집에 가서 다른 친구들이랑 어울리고 싶은지 물어볼 수 있는 사람은 아무도 없다. 두 가지 엄마 유형—세상에서 자기만 아이를 제대로 볼 수 있다고 믿는 엄마와, 유아도 매일 다른 아이들과 어울리며 자극을 받아야 한다고 믿는 엄마—은 결국 이데올로기적 결정을 내린다. 물론 다른 대안이 없기 때문에 실용적인 이유에서 나온 결정일 때도 적지 않다. 일하러 가야 하기 때문에, 아이 아빠가 양육비를 안 주기 때문에 혹은

229

여성학교

지금 다니는 직장은 3년 육아 휴직이 불가능해서…… 등등이다.

주로 남의 손에 맡겨 키운 유아들을 대상으로 한 다양한 연구 결과도 확실한 결론을 내리지는 못한다. 많은 연구 결과에서 어린이집을 다닌 유아들이 엄마가 키운 유아들에 비해 자주 아프고 오줌을 자주 싸며 과잉행동과 두통이 잦다는 사실이 확인되었다. 하지만 또 다른 연구결과를 보면 어린이집 아동들이 엄마가 키운 아동들에 비해 언어발달, 자립심, 사교능력에서 우월한 것으로 드러났다.

무엇보다 확실한 건 아무리 어려도 인간은 최적의 '정비와 관리'를 위한 확실한 규칙을 정하기에는 너무 복잡한 존재라는 사실이다. 집에 형제가 많고 친구가 될 만한 이웃 아이들이 많은 아동은 굳이 어린이집에 보내지 않아도 생기발랄하고 원만한 인간관계를 배우며 성장할 것이다. 그러나 외동이거나 나이 차가 많은 형제자매가 한 명밖에 없어 거의 대부분을 혼자 지낸다거나, 장보러 갈 때 정도만 겨우 사람 구경을 할 수 있는 아이라면 또래 아이들과 놀고 싶은 마음이 간절할 것이다. 집에서 놀 대상이 TV밖에 없는 아이라면 일찍부터 안전한 어린이집에 보내는 편이 훨씬 아이에게 득이 될 것이다.

또한 자기 인생에 만족하는 행복한 엄마의 아이는 설사 어린이집에 맡긴다 해도 신경질적이고 불행한 엄마의 아이보다 만족스럽고 행복한 아이로 자랄 확률이 훨씬 높다. 안정된 가족은 육아를 남의 손에 맡긴다 해도 불안한 가족, 매일 싸우는 가족, 해체된 가족보다 걱정할 일이 줄어든다. 물론 남의 손에 맡겨 키웠더니 아이가 너무 버릇이 없어졌다는 경우도 있다. 거꾸로 알코올중독자 엄마나 TV중

독자 아버지 밑에서 방치된 아이들도 있다.

　실례는 우리의 사회생활 형태만큼이나 다양하고 한마디로 규정한다는 것이 불가능하다. 그러므로 이 사안에 대한 적합한 결정은 각각 개별 경우를 알아야만 내릴 수 있다. 모든 엄마, 아빠는 어린 자식에게 얼마나 많은 '가족'과 얼마나 많은 '외부 세계'가 제공되는 게 좋고, 제공되어야만 하는지 스스로 밝혀내야만 한다. 그러니 이런 정글에서 유일하게 옳은 교육의 길을 알고 있다고 잘난 척하는 사람은 그야말로 사기꾼에 불과하다.

전업주부 엄마 vs 일하는 엄마

이 순간 어머니들이 싸우고 있다. 양 진영은 화해가 불가능할 정도로 대립 중이다. 바리케이드 한쪽에는 결합가능성 이론의 대표 주자들이 서 있다. 그들은 자식과 자신의 출세 사이에 근본적인 결합가능성을 주장하여 몇 년 전부터 상당한 추종세력을 모으고 있다. 그 반대편에는 구시대 가족 모델의 새로운 옹호자들이 자리잡고 있다. 이들은 자녀와 출세의 결합은 구조적으로 불가능하다는 주장으로 현재의 위기 상황에서 날로 세를 얻고 있다. 지금껏 두 진영은 보도매체를 통해 충분히 자신들의 입장을 알려왔다. 대결의 중심에는 누가 옳은가, 전업주부 엄마와 일하는 엄마 중 어떤 모델이 미래를 결정할 것인가의 문제가 자리하고 있다.

양 진영 모두 자신들의 인생 모델을 너무나 전원적으로, 너무나 아름답게 그리고 있기에 그런 식의 광고를 위해 적당한 모델을 돈 주고 샀을 것 같은 생각이 들 지경이다. 결합가능성 전선의 증언록에서는 당연히 엄마의 직장생활을 가능하게 해주는 탁월한 육아 담당자들의 엄청난 장점들이 발견된다. 매력적이고 젊은 보모, 영어 노래도 같이 불러주는 보모들에 대한 찬가가 넘쳐난다. 여기에 등장하는 엄마들은 이른 아침 피곤하지만 만족스러운 표정으로 아이에게 손을 흔들며 이렇게 말한다. "내가 퇴근할 때까지 아이들이 거의 엄마를 찾지 않아요. 정말 좋아요." 그리고 우리는 그런 기적의 비용이 하루 약 100유로에 이르지만 육아 문제에서 그 정도의 액수쯤은 아무것도 아니라는 사실도 이내 알게 된다.

바리케이드의 상대편인 전업주부 엄마 진영은 예상대로 아직 보도 매체를 직접 장악할 수준이 못 된다. 따라서 보수적인 남성 가족 선전가와 새로운 여성성의 옹호자들을 대변자로 내세운다. 하지만 양쪽 대변자 모두 전업주부 엄마의 관점에서 바라본 그들의 인생 모델을 잘 모르기 때문에 자기도 잘 모르는 것을 선전한다는 단점이 있다.

따라서 이 진영이 그린 이미지 역시 전원적인 모습이다. 아프지만 엄마가 있어 행복한 아이의 침대 머리맡에 앉아 밤을 새는 어머니, 우리의 타락한 사회 시스템이 와해되지 않도록 돈 한 푼 안 받고 노력하는 용감한 여성들, 꿋꿋하게 가정을 지켜 이혼율을 곤두박질치게 만들고 직접 제 아이를 키워 자식의 미래를 보장하는 용감한 여성들. 여성은 타고날 때부터 이타적이고 헌신적인 간병인이자 보모라는 여성 찬가는 구시대 가족 모델의 새로운 복고가 획득한 최고의 전리품이다.

이런 여성 예정설의 대표들은 주로 남자가 많다. 남자인 그들이 우리가 아이를 낳고 아이에게 젖을 물리면서 느끼는 심정이 어떤 것인지를 우리에게 가르치려 한다. 기저귀를 갈 때, 아기를 재울 때 지고지순한, 아주 특이한 방식의 성애性愛를 체험할 것이라고 설명한다. 그리하여 그들은 소위 순수 여성적 이타주의를 강조하며 성별에 따른 노동 분업, 과거의 역할 모델, 여성의 퇴직을 복원하기 위해 전력투구한다.

따라서 기저귀 갈면서 지고지순한 감정의 체험 이외에 만족스러운 직장생활을 꿈꾸는 여성들은 당의 지지를 받지 못할 것이다. 그곳에서 들려오는 메시지는 간단하다. 여성이 출산 후 직장생활에 전력하느라 난관에 봉착한다 해도 남성이 이 문제의 해결에 정서적으로 협력할 그 어떤 이유도 없다는 것이다. 왜 그러느냐고 묻는다면, 손가락은 저 멀리 남자가 용기와 힘으로 여자와 아이들을 돌보았던 인간의 역사를 가리킬 것이다. 여성이 남성의 모든 영역으로 진출하였고, 필요할 경우 자신과 아이들을 제 손으로 먹여 살릴 수 있는 오늘날, 이제 남성은 마음의 상처를 입고 바리케이드 이편으로 퇴각하기로 한다. 그리고 나머지는 변호사가 해결할 것이다.

전업주부 엄마와 일하는 엄마의
싸움에서 승자란 없다

자녀와 직장을 완벽하게 결합시킬 수 있다고 믿는 여성들과 엄마의 예정설을 옹호하는 여성들의 바리케이드 싸움은 사실 아무런 가치도 결실도 없다. 모두가 자기 당의 완벽한 우월을 확신한다. 한쪽은 기회 균등 및 사생활과 공생활의 균형을 맹세한다. 다른 쪽은 여성의 자연적 숙명을 믿는다. 모두가 각자 제 나름대로 행복하면 된다는 중립적 입장은 어떤 모델이 '미래의 가족'이라는 대형문제에 적합한 해결책인지, 그 해답을 회피할 뿐이다.

서로에 대한 공격을 빼면 그 논쟁이 딱히 내세울 만한 결실을 내지 못한다. 세상 물정도 모르면서 서로를 점잖게, 혹은 잔인하고 이기적으로 욕한다. 일하는 엄마들은 전업주부 엄마들이 교육의 막대한 비용을 모래구덩이에 처넣고 있다고 욕한다. 반대쪽은 타락하고 홀대받은 아이들이 사회에게 지우는 짐의 비용이 그보다 더 높다고 역습한다.

전업주부 엄마들은 세상의 인정에 속아 넘어간 자신의 모습을 바라본다. 일하는 엄마들은 '남자 같은 여자'라는 멸시와 '나쁜 엄마'라는 부당한 비난에 자학하게 된다. 한쪽은 엄마라고, 다른 쪽은 해방된 여성이라고 비난받는다. 한쪽은 이혼의 책임자라는 비난을, 다른 쪽은 미숙하고 비독립적인 전업주부라는 질책을 받는다. 이 전쟁에서 승자는 있을 수 없다.

전업주부제 결혼은
미래가 없다

이렇게 계속 갈 수는 없다. 양쪽 모두에게 미래는 없다. 더구나 둘 다 시대착오적인 이데올로기 학파에 신세를 지고 있다.

소위 여성의 타고난 특성이라는 이론은 생각과 달리 절대 원시시대부터 인정받았던 이론이 아니다. 그것은 우리 시대와 비슷한 위기의 시대에 창조되었고, 한치 앞을 내다볼 수 없던 대변혁의 시대에 오늘날과 같은 임무를 수행하였다. 그것은 해체되고 있던 사회 역할상을 안정시키고 한치 앞을 내다볼 수 없는 복잡한 맥락에 단순한 방향을 제시해야 했다.

따라서 타고난 여성성을 주장한 최초의 이론가들이 고대나 중세가 아닌 산업화 초기에 등장했다는 사실은 새삼 놀랄 일이 아니다. 그 전에는 여성이 하루 종일 마구간에서, 밭에서 일하는 것이 세상에서 가장 자연스러운 현상이었다. 그동안 아이들은 방치되거나 남의 손에 맡겨졌고 아무도 그것 때문에 엄살을 떨지 않았다. 혈기 없는 19세기에 이르러 비로소 중류층 여성을 하루 종일 거실 테이블 옆에 두고 보면 아주 멋질 것이라는 아이디어가 등장했다. 그리고 이런 배치를 두고 그들은 '자연적'이라 불렀다.

여성문제 해결의 최선책이 아이는 아니지만 아이와 직업이 차선책이 될 수 있다는 견해는 페미니즘에서 나온 것이다. 페미니즘은 애당초 충만하고 해방된 여성의 삶은 아이가 없는 삶이어야 한다는 전제에서 출발하기에 아이가 있는 어머니의 문제에 전혀 마음을 쓰지 않았다.

하지만 제2단계에 접어들어 어머니들의 압력이 거세지자 마지못해 이런 멸종할 수밖에 없는 입장에서 한 걸음 물러나 결합가능성의 이상을 추구했다. 결합가능성의 이상은 여성이 원하는 만큼의 아이를 낳으면서 동시에 직장에서도 일체의 타협에 응할 필요 없이 또 하나의 이상, 즉 기회 균등의 이상에 맞도록 제약 없이 발전 가능성을 누린다는 전제에서 출발한다. 이 이상은 말 그대로 순전한 이념이다. 실제로 원하는 숫자에 근접한 아이를 낳은 엄마의 생활 현실과 추호도 관계가 없는, 단지 이념일 뿐인 것이다.

그렇게 모두는 막다른 골목에 몰려 있다. 예정설과 그에 따른 전업주부 결혼은 한 줌밖에 안 되는 초기 산업사회 이데올로그들의, 생활과 동떨어진 창작물이기에 미래가 없다. 결합가능성의 이상은 실제로 결합시킬 수 있는 것은 아무것도 없고 그저 계속해서 더할 것만 있기 때문에 미래가 없다.

필요한 건 남성의
새로운 여성성이다

남성과 여성, 둘 중 어느 편에서도 우리의 미래를 찾을 수 없다는 것이 나의 확신이다. 미래는 여성의 여성성 확대에도 남성성 확대에도 있지 않다. 미래는 여성에게 있지 않기 때문이다. 우리는 지난 몇십 년 동안 예전의 그 어떤 여성 세대보다 많은 것을 행동으로 옮겼다. 우리는 남성의 영역을 정복하였고 여성의 지위를 최대한 높였으며 이런 줄타기를 하느라 다리가 부러진 적도 한두 번이 아니었다.

이제 맹목적으로 후퇴해서도 안 될 것이고 무조건 앞으로 돌진해서도 안 될 것이다. 지금은 휴식해야 할 때다. 이제 우리를 따라잡아야 하는 주인공은 남성들이다. 남성들이 행동해야 한다. 남성들이 세상을 절반으로 나누고 나아가 여성의 절반까지 정복해야 한다. 물론 그게 마음에 들지 않는 남성도 많을 것이다. 아직도 도처에서 이데올로기의 쇠사슬이 쩔거덕거린다. 마음 상한 책상의 영웅들이 성차의 평준화, 성적 매력과 태곳적 성 특징의 상실을 부르짖는 소리도 들린다. 하지만 그건 그들에게도 아무 도움이 안 된다.

남성이 점령한 기저귀 교환대에서도 성애는 살아남을 것이다. 공동 육아의 현장에서도 성적 매력은 사라지지 않을 것이다. 그리고 생명체 특유의 성적 특징은 여성이 전업주부가 되지 않아도 생기는 법이다. 여성화가 필수적인 사람은 우리가 아니라 남성들이다. 아이와 출세를 부지런히 더해야 하는 사람은 우리가 아니다. 남성들도 우리와 똑같이 해야 한다. 그래야 전쟁이 끝날 것이다.

추상적 가족 담론은
아무 소용없다

전쟁, 영역, 지위, 바리게이트 같은 말은 전통적으로 여성의 말이 아니다. 실제로 공적인 가족 대화에서도 역할이 집 안의 부엌에서와 동일하게 배분되는 경우가 적지 않다. 여성은 소송을 제기하는 쪽이다. 입으로는 푸념을 늘어놓고 잔소리를 해도 손가락으로는 아무데나 벗어놓는 아이들의 양말을 가리킨다. 남편은 친절한 경우 어찌할 바를 모르거나 진심으로 걱정을 하고, 불친절한 경우 자신의 평화조약 조건을 받아 적게 한다. 그 조건이란 대충 요약하면 딱 한 줄의 조항이다. "양말, 병자, 애들은 아내에게, 그리고 나머지도 전부 아내에게!"

가족에 관한 남성들의 글에는 전쟁의 언어가 들어 있었다. 그곳에는 '정복한 지역', '채워진 자리', '평등 투쟁', '자리 점령', '원시력' 같은 표현들이 있다. 그들이 '평등 투쟁'은 후퇴를 통해서만 승부가 날 수 있다고 말하지 않고, 아니 오히려 그 반대로 19세기의 가족으로 되돌아가고 싶은 사람은 없다고 확약하지만 지금껏 그들의 말에는 가장 결정적인 질문에 대한 지적이 없다. 그 질문은 바로 이것이다. 누가, 언제, 누구를, 혹은 무엇을 돌보나?

추상적 가족 담론의 자유 영공에서 움직이면 그 질문과 부딪치지 않는다. 우리는 이런 추상을 허락할 수 없다. 여성에게 진실은 항상 구체적이다. 때문에 지금이야말로 우리의 비행고도에서 내려와 실제의 가족생활에 발을 디뎌야 할 시간인 것이다.

8장

우리에게
부족한 것들

누가, 언제, 누구를,
혹은 무엇을 돌보나?

다시 한 번 앞에서 살펴본 대졸 출신의 상냥하고 모범적인 중산층 부부에게로 돌아가보자. 다행히 그들은 아직 이혼을 하지 않았다. 결혼한 부부 두 쌍 중 한 쌍이 파경을 맞이하는 독일 대도시에서 부러워할 만한 일이다. 오히려 일 년 전 셋째를 낳음으로써 2.3명이라는 인구학적 할당량을 이미 초과달성했다. 그들의 결혼은 그 할당량을 견디고 살아 남았지만 뮌헨, 프랑크푸르트, 혹은 함부르크에 있는 시내의 아파트는 살아 남지 못했다. 앞서의 예상대로 이들 5인 가족은 마당이 딸리고 그네가 있고 아이들 방이 셋이며 탁구대를 놓을 만한 지하실이 있는 교외의 단독주택으로 이사했다. 여기서 가족은 기저귀로 머리통을 맞지 않으려면 시급하게 필요한 것, 즉 충분한 공간과 약간의 맑은 공기를 얻는다.

하지만 교외의 단독주택도 집세가 시내 아파트 못지않은데다 출퇴근길이 멀어진 탓에 부모는 더 늦게 퇴근하고, 엄마나 양쪽 부모의 파트타임 일자리는 높은 집세 때문에 생각조차 할 수 없다. 일상은 전과 다름없이 흘러간다.

부모는 하루 종일 일을 하고 아이들은 전일제 유치원에 간다. 첫째는 학교가 끝난 후 방과 후 공부방까지 가야 하지만 맛있는 점심식사는 친절한 아줌마가 해주며 숙제까지 봐준다. 해가 지면 이웃에 살던 50대 아줌마 대신 친절한 리투아니아 아가씨가 아이들을 방과 후 공부방과 유치원에서 데려와 집에서 저녁을 먹인다. 엉망이 된 부엌과 세탁 바구니는 일주일에 한 번 힘 센 폴란드 아줌마가 와서 해결한다. 요구 수준을 확실히 낮추고, 잘 다린 빨래, 가지런히 정돈된 옷장, 빳빳한 칼라의 셔츠를 포기한다면 이 전선에서 모든 것이 정상적으로 돌아간다.

어쨌든 부모가 퇴근한 후 침대에 누워 아이들에게 동화책을 읽어줄 정도의 시간은 충분히 확보된다. 심지어 자장가를 몇 번 불러줄 수도 있다. 별일이 없고 아이들이 아직 피곤하지 않으면 학교에서, 유치원에서 뭘 배웠는지 물어볼 시간도 있다. 40년 전 우리 아버지보다 훨씬 많은 것을 하는 셈이다. 그럼 뭐가 문제란 말인가?

문제는 여전하다.

"누가, 언제, 누구를, 혹은 무엇을 돌보나?" "우리가 정녕 그렇게 살고 싶은가?"라는 의문이다.

우리 아이들의 유년기는
오늘날의 품질 기준에 맞지 않다

몇 년 전 세인의 관심을 끌었던 책이 한 권 있었다. 부모들도 읽을 만한 오늘날 성공적인 유년기의 조건을 열거한 책으로 《일곱 살 아이의 세상 지식Das Weltwissen der Siebenjaehrigen》이라는 제목이다. 이 책은 한 연구팀이 3년 동안 일곱 살짜리 아이가 경험하고 행동으로 옮겨보았어야 마땅한 것들을 고민하여 선별한 결과물이었다. 부모, 조부모, 뇌학자, 발달심리학자, 초등학교 교사는 물론 판매직 여사원, 대학생 등 육아의 문외한들까지 섭외하여 광범위한 설문조사를 실시했다. 그 결과 놀라운 지식 목록이 탄생했다. 한 아이가 이 많은 걸 전부 다 해볼 수 없다는 사실을 감안하더라도 부모들의 기를 죽이기에 딱 좋을 목록이었다.

전부 다 적기에 목록의 길이가 너무 길지만, 몇 가지 항목만 살펴보아도 기절을 안 할 수가 없다. 일곱 살 아이는 소음과 소리를 구별할 수 있어야 하고, 관찰과 구경과 주시의 차이를 정확히 구별할 수 있어야 하며, 걷기와 행군의 차이, 냄새와 향기의 차이, 동작과 몸짓의 차이를 구분할 수 있어야 한다. 새 소리를 흉내 낼 수 있어야 하고 나무를 탈 수 있어야 하며 냄새로 과일의 종류를 구분할 수 있어야 한다. 또 약속을 지킨 기억이 있어야 한다. 자기 이름을 모래에, 눈에, 숲에 써본 경험이 있어야 하며, 씨를 뿌리고 추수를 해본 경험, 중국어나 아랍어 글자를 써본 경험, 일생에 하루라도 숲에서 보낸 경험과 나이테를 세어본 경험이 있어야 하며, 시냇물에 빠져본 경험이 있어야 한다. 그것 말고도 많다.

그리고 나 스스로가 일곱 살 아이에게 꼭 필요하다고 생각하는 건 그보다 훨씬 많다. 예를 들어 동물을 책임지고 길러본 경험이 있어야 하며 이야기를 지어낼 수 있어야 하고, 일출과 일몰을 바라본 경험이 있어야 하며, 한 번이라도 비에 홀딱 젖어보았고, 나뭇잎을 모아보았으며, 동굴을 짓고, 계절의 냄새를 구별하며, 날아가는 철새를 지켜보고, 짚단 속에 숨어보고, 편지를 주고받고, 여러 가지 악기와 소리를 구분하고, 눈에서 뒹굴며 놀고, 하늘의 별을 관찰하며, 얼음을 지치고, 사람이 죽으면 어떻게 되는지 물어보고, 동화책을 읽으며, 노래를 부르고, 바다와 호수와 강과 산을 가보았으며, 친구를 사귀고, 시 한 편을 낭송할 줄 알고, 직접 제 손으로 무언가를 만들어 본 경험이 있어야 하며…… 등등 목록은 끝없이 이어진다.

아랍어나 중국어 글자만 뺀다면 위의 목록이 특별히 까다롭다거나 특이하다고 말할 수 없을 것이다. 특수 지식이나 기술적 능력이 포함된 것도 아니며 의술이나 외국어 강의, 문화사, 과학, 문학적 소양이나 기타 미래의 지도자를 위한 야심만만한 엘리트 양성 프로젝트를 노리는 것도 아니다. 이렇게 저렇게 선택해도 애당초 모든 아이들에게 해당되어야 하는 내용이다. 바로 이 사실이 우리 부모들을 씁쓸하게 만든다.

이 목록에 열거된 것은 성공적 유년기와 활기찬 성장을 위한 지극히 평균적인 품질 기준들이다. 우리가 우리 인생의 다른 모든 것들에게는 지극히 당연한 듯 적용하는 품질 기대치인 것이다. 모든 냉장고에, 모든 조립식 부엌에, 모든 자동차에 우리는 너무 빡빡하지 않은 일정한 요구조건을 내건다. 따라서 이 목록을 보는 순간 우리는 불현듯 깨닫게 된다. 우리가 비슷한 품질 기대를 우리 인생에서 가장 중요한 것, 즉 우리 아이들에게는 갖지 않는다는 사실을 말이다. 혹은 적어도 아이들이 우리의 생활 상황 때문에 이 목록의 대부분을 포기할 수밖에 없다는 사실을 우리가 쉽게 체념하며 받아들이고 있다는 사실을 말이다. 또한 우리가 엄청난 양의 불필요한 오락기기와 소비 품목으로 그들의 포기를 보상하려고 노력한다는 사실을 말이다.

이런 엄청난 후회가 너무 지나치다고 생각하는 사람들도 적지 않을 것이다. 이렇게 많은 아이들이 오늘날처럼 좋은 환경에서 살았던 적은 없었다. 아이들과 그들의 교육, 그들의 건강과 행복에 우리처럼 신경을 많이 썼던 시대가 어디 있었는가? 거의 모든 사회계층의 아이들이 지금처럼 호강하고 지금처럼 잘 차려입으며 지금처럼 게임과 여가 서비스를 제공받던 시절이 있었는가? 지금처럼 훌륭한 교육 기회와 생존 기회가 있었던가? 아이들의 감정과 심리발달에 지금처럼 집중적인 관심을 쏟은 적이 있었던가?

맞는 말이다. 우리 아이들은 200~300년 전의 아이들보다 훨씬 잘 지낸다. 하지만 우리도 잘 지낸다. 우리 역시 하루 18시간씩 밭에서, 마구간에서, 컨베이어 벨트에서 일하지 않아도 되며 아이를 낳을 때마다 죽음을 두려워할 필요가 없다. 하지만 이처럼 복지수준이 비약적으로 발전했다고 해서 결코 우리의 삶을 계속 최적화하고 새로운 요구조건을 내걸지 말라는 법은 없다.

고도의 발전을 이룬 우리 생활세계의 기준에 맞는 품질 기준을 우리 아이들, 우리의 가족생활에도 요구하지 말란 법이 어디 있는가? 우리가 모든 신제품 청소기와 모든 맹장 수술, 모든 싱크대에게 기대하는 것을 왜 우리의 가족생활에게는 기대하지 말란 말인가?

맞벌이 가정에는 1차적 체험이 결핍되어 있다

뭔가 수상쩍다. 가정과 직장을 결합하고자 하는 가족은 여기서 거의 뛰어넘을 수 없는 한계에 부딪친다. 우리의 용감한 맞벌이 부부와 함께 다시 한 번 교외의 집으로 돌아가보자. 아내는 여전히 과학 출판사에서, 남편은 여전히 대학에서 일하고 있다. 퇴근 시간은 일반적으로 그렇듯 5~6시 사이이다. 두 사람이 교외선을 타거나 교외로 향하는 자동차 전용도로의 정체를 견디며 집에 도착하면 6시 30분 정도가 된다. 늦어도 7시면 온 가족이 다시 집에 모이고, 베이비시터에게 손을 흔들어 작별을 고한 후 가족생활—별을 보고 눈밭에서 뛰어놀며 동화를 지어내며 리코더 연주를 경청하고 아랍어나 중국어를 배우고 나뭇잎을 수집하고 동굴을 짓고 산에 오르는 생활—을 시작할 수 있다. 모든 것이 나무랄 데 없다. 결합가능성의 전선이 열광한다.

하지만 유감스럽게도 아직 작은 문제가 남아 있다. 문제는 아이다. 연약한 유년기와 초등학교 시절에는 늦어도 저녁 8시 30분이면 잠을 자야 하는 아이들이 문제다. 특히 다음날 아침 7시나 8시면 다시 아침을 먹이고 세수를 시키고 옷을 입히고 제짝을 찾아 양말을 신겨야 한다. 문제는 우리의 수준 높은 삶에서 부인할 수 없는 오랜 생물학적 리듬이 매일 노동 세계의 첨단 리듬과 아주 험악한 방식으로 충돌한다는 데 있다. 나아가 이런 충돌에서 제외된 30분 동안 얼른 아침 식탁을 치우고 저녁식사 준비를 하면서, 그와 동시에 나뭇잎 수집책을 들고 온 다섯 살 아이, 난생 처음으로 물구나무에 성공한 세 살 아이, 걸음마를 하려는 돌배기를 칭찬할 수 없다는 데 있다. 문제는 이렇게 가족이 더 이상 많은 공동 체험을 하지 못한다는 데 있다. 서로의 체험을 거의 공유하지 못하며 그저 전일제 학교나 유치원 같은 공공기관이 생활에 중요한 모든 것을 해결해 주기를 바라는 수밖에 없다.

그것만이 아니다. 완전히 경제활동의 필요조건에 따라 움직이는 가족의 일상은 모든 감동을 마비시키는 바이러스처럼 가족을 덮친다. 그리하여 부모는 아이들의 1차적 세상 경험 대부분을 해당 기관이 담당하는 것에 날로 익숙해 간다. 아이들은 사회적 행동과 남에 대한 배려, 공작과 노래, 구연동화와 집안일 돕기를 유치원에서 배운다. 운이 좋으면 그것보다 더 많은 것을 배우기도 한다. 유치원에서 감각을 익히고 유치원 잔디밭에서 가장 중요한 자연체험을 한다. 학교는 아이들의 정신발달을 보살피고 방과 후 공부방은 영양가 있는 식사를 제공하고 숙제를 봐준다. 오후에는 학교 운동장에서 공기를

�다. 바이올린 학원에 늦지 않도록 신경 쓰는 사람은 방과 후 공부방 교사다. 심지어 아이들과 함께 크리스마스 선물과 생일 선물을 만들고 포장하는 사람들도 그들이다. 비난할 그 무엇도 없다. 오늘날 아이들은 많은 기관에서 철저한 검증을 거친 보살핌과 사랑을 받고 있다.

전통적 가족에서 어머니가 아이들과 함께했던 이런 일상적 체험들, 때로 힘들고 고단하기도 한 이런 체험들이 맞벌이 부부 가족에게는 부족하기 짝이 없다. 맞벌이 부부 가족이 마침내 한자리에 모이는 때는 늘 일상과 거리가 먼 예외상황이다. 모든 주말은 작은 축제가 연출된다. 소홀했던 모든 것을 보상하고 원상회복시키고 싶기에 부모는 주말을 축제로 꾸민다. 주말 가족은 늘 특별한 일을 벌인다. 고속도로를 달려 시설 좋은 공원에 간다. 팝콘과 온갖 잡동사니를 끌고 극장에 가고, 영화가 끝나면 아이들은 원하는 만큼 감자튀김을 먹을 수 있다. 연극을 보고 어린이 그림 그리기 체험에 참가하고 어린이 오페라를 관람하거나 동물원에 간다. 소중한 가족의 날이 돌아올 때마다 그들은 새로운 절정의 경험을 찾기 위해 노력한다. 힘이 들어도 비싸도 아랑곳하지 않는다. 휴가 때는 비싼 가족 전문 여행사에 의뢰하여 승마, 서바이벌, 스키 코스를 빈틈없이 짜놓는다.

아이들은 좋아하는 것 같고 부모들은 양심의 가책을 던다. 돈을 주고 얻는 도움의 손길 없이 직접 아이들과 뭔가를 할 수 있다는 사실은 이미 오래 전에 까먹어버렸다. 심지어 애들 생일까지 전문 서비스 업체에게 맡기는 부모도 적지 않다. 이렇듯 가족생활이 서서히 돈을 주고 사야 하는 여가 서비스의 공동 소비로만 이루어진다는 사실은, 돈을 주고 산 대체 가족생활의 기간이 길어질수록 가족구성원들의 관심을 끌지 못한다. 늘 시간 계획표에 따라 움직이는 아이들은 자신의 수준에 맞는 경험을 하고 자신의 시간을 자신의 상상력에 따라 꾸밀 수 있는 가능성을 잃어버린 채 위축되어 간다. 가족은 마음의 버팀목을 잃어버리고 완제품 생활의 공동 소비를 통해서만 근근이 결속력을 유지한다.

맞벌이 가정의 교육이 목표가 아닌 현 상태에 급급하고 있는 것이 사실이라면, 맞벌이 가정에서는 도대체 교육이란 것이 없다고 말할 수 있겠다. 맞벌이 가정에 부족한 것은 정체성을 형성하는 체험이다. 공동의 가족 기반, 무엇보다 1차적 체험이 결핍되어 있다. 여태껏 아이를 데리고 하루 종일 시내 공원을 배회할 시간을 한 번도 내지 못했다면, 우수한 자질을 갖춘 안내인이 아이를 이끌고 산림교육용 길을 다니면서 아무리 설명을 한들 무슨 소용이 있겠는가? 아이와 함께 노래 부를 기회가 한 번도 없었다면 최신 뮤직 비디오를 사준들 아이가 그걸로 무엇을 하겠는가? 가족이 함께 공놀이를 해본 적이 없는데 비싼 운동 교습은 무슨 소용이란 말인가? 지금까지 단 한 번도 아이와 시냇물을 건너고 수풀을 지나보지 않았다면 발레복을 입히고 분홍색 발레슈즈를 신겨 발레를 가르친들 무슨 소용이 있겠는가?

이미 자주 거론된 사실이지만, 아무리 강조해도 지나치지 않다. 오늘날 1차 체험세계의 엄청난 빈곤과 궁핍은 거의 무한한 2차 체험의 풍요로움과 걸맞지 않다. 단기적으로 볼 때 그것은 우리 사회의 성공과 생산성에 아무런 도움이 되지 않으며, 아이들과 가족에게 이것은 거의 재앙과 다름없다. 그들의 자본과 미래는 일차적인, 직접적인 생활에 있기 때문이다. 이 자본을 잃고 그들 자신을 잃는다면, 가정은 제 스스로 가족을 꾸릴 능력을 갖추지 못할 교육생과 뜨내기 일꾼들의 숙소나 값싼 여인숙으로 전락하고 말 것이다.

몇 년 동안 여름휴가나 주말을 제외하면 내가 아이들을 볼 수 있는 시간은 허둥거리는 아침식사 때와 잠자리에 들 무렵뿐이었다. 거의 모든 아빠와 대부분의 직장 엄마들이 그런 것처럼 말이다. 내게는 이중의 임무가 있었다. 그건 옳고 가치 있는 일이었다. 하지만 이 이중생활이 유감스럽게도 문제가 하나 있었다. 한쪽 임무에 투자하는 시간은 하루 8~10시간이었지만 나머지 임무에 쏟을 수 있는 시간은 한두 시간에 불과했던 것이다.

이 갈등에서 늘 우리 아이들이 불이익을 당했다. 아침 11시 유치원 요리시간이나 놀이시간에 나타나지 않는 엄마는 우리 아이들의 엄마뿐이었다. 학교에 입학한 첫주, 아침 10시에 교문 앞에서 기다리지 않는 엄마는 우리 아이들의 엄마뿐이었다. 학교 운동회에 음식을 싸들고 오거나 학교 바자회에서 물건을 팔지 않는 엄마는 우리 아이들의 엄마뿐이었다. 이 모든 건 용서할 수 있는 일이고 나 역시도 용서할 수 있다.

더 힘든 건 우리 아이들이 학교에서 지금 무엇을 배우고 있는지 내가 몰랐다는 사실이다. 나에게는 아이들의 공책을 들춰볼 시간이 없었다. 학교에서 있었던 일을 들어줄 기회가 없었다. 저녁에 우리가 다시 얼굴을 맞댈 무렵이면 아이들은 학교에서 일어났던 일을 대부분 잊어버린 후였다. 나는 아이들의 친구들을 알지 못했고 지금 아이가 어떤 것에 관심을 가지는지, 방과 후에는 무얼 하면서 놀았는지, 무슨 생각을 했고 무슨 음식을 먹었는지, 누구를 좋아하는지, 무슨 책을 읽었는지, 몇 번째 이가 빠졌는지, 지금 무슨 옷을 뜨개질하고 있는지, 무엇을 만들고 있는지, 줄넘기를 할 줄 아는지, 학교에서 무슨 노래를 배웠는지 알지 못했다. 오늘 오후 아이들이 비를 맞았는지 찬란한 햇살을 즐겼는지조차 알지 못했다

우리 아이들은 그런 엄마에게 익숙했다. 다른 삶을 알지 못했기에 자신의 삶을 당연한 것으로 받아들였다. 나는 늘 바빴다. 언제 열 살인 첫째에게 그리스 신화를 들려주고, 처음 자작한 아이의 시를 칭찬해 줄 것이며, 언제 여덟 살짜리 둘째와 어떻게 생긴 말이 좋은 말인지, 초콜릿은 하루 몇 개까지 먹어도 되는지 함께 고민할 것이며, 언제 다섯 살 막내가 수백 킬로미터 떨어진 곳에서 일하는 아빠에게 낮 동안 쓴 수많은 편지들을 펼쳐 읽어보겠는가?

크고 작은 고민거리를 들고 나에게 달려온 아이들이 자기들도 모르게 내뱉는 일상적인 질문이 있다. "엄마 지금 일해야 돼? 시간 있어?" 그런데 나는 정말로 시간이 없었다. 대부분의 직업이 그렇듯 퇴근한다고 일이 끝나는 게 아니니까 말이다. 누구에게도 옛날 의미의 시간은 없다. 이용하고 끝마치지 않는 시간, 단기 목적이라는 수레에 고삐를 매어놓지 않은 시간, 사건이 일어날 수 있는 시간. 성경

에서 말하는 시간.

"무엇이나 다 정한 때가 있다. 하늘 아래서 벌어지는 무슨 일이나 다 때가 있다. 날 때가 있으면 죽을 때가 있고 심을 때가 있으면 뽑을 때가 있다. 죽일 때가 있으면 살릴 때가 있고 허물 때가 있으면 세울 때가 있다. 울 때가 있으면 웃을 때가 있고 한탄할 때가 있으면 춤출 때가 있다. 연장을 쓸 때가 있으면 써서 안 될 때가 있고 서로 껴안을 때가 있으면 그만둘 때가 있다. 모을 때가 있으면 없앨 때가 있고 건사할 때가 있으면 버릴 때가 있다……." 설교자 솔로몬의 말뜻은 일정에 맞게 처리할 수 있는 건 없다는 의미일 것이다. "그러니 사람이 애써 수고하는 일이 무슨 소용이 있겠는가?"

그러나 그가 알지 못했던 것은, 단 한 번도 때에 맞게 웃고 모일 수 없게 될 사람들, 특히 그런 엄마들이 앞으로 존재할 것이라는 사실이었다.

일하는 엄마에 대한 환호는
아직 이르다

몇 년 전이었다면 나는 이 자리에서 화를 벌컥 내며 대들었을 것이다. "그럼 뭐 하러 애를 낳았어요? 애 볼 시간을 마련할 준비가 안 되어 있으면 애를 포기했어야죠!"

우리 이전 세대의 여성들은 그 말을 따랐고 그래서 출세를 원하면 애를 낳지 않았다. 직장 엄마를 부드러운 열광으로, 나아가 맹목적 열광으로 환영하게 된 건 여성 운동에서 파행된 어머니 운동이 인구학적 재앙 분위기와 결합하면서부터였다.

그 부드러운 시선에 우리는 아주 기쁘다. 남성들이 오래전부터 누려왔던 것을, 집 안을 가득 메운 아이들과 직장생활을 우리 여성들만 거부당해야 할 이유가 어디 있단 말인가?

하지만 맹목적 열광은 상당히 때이른 감이 있다. 열렬한 환호의 대상이 실제로는 전혀 제 기능을 발휘하지 못하기 때문이다.

파트타임 일자리는
대안이 아니다

파트타임 일자리는 대안이 아니다. 물론 이 문제도 해결할 수 있다. 수백만 엄마들이 해결했다. 그들은 가족 이데올로그들이 미끼로 사용하는 주문에 귀를 열었다. 그 주문은 바로 포기이다. 엄마들은 포기를 한다. 엄청난 다수가 적어도 일자리의 절반을, 연금청구권의 절반을, 출세의 절반을, 그와 더불어 연봉의 절반을 포기한다. 그것이 나뭇잎 수집, 별자리 관찰, 학부모 참관수업 문제의 한 가지 해결책이라는 데 이의를 제기할 사람은 없다. 하지만 좋은 해결책은 아니다.

따라서 독일에서 지금까지 월등하게 많이 이용된 이 해결책에 반대하는 목소리가 적지 않다. 수백만 여성의 포기를 통해 공동의 미래를 보장한다는 건 있을 수 없는 일이다. 포기는 여성의 필요성이 날로 더해갈 다가올 미래를 위해 유익한 모델이 아니다. 설령 그렇지 않다 해도 몇 년 동안 하루의 절반만 일한 엄마들이 훗날 전일제 일자리로 되돌아가는 건 불가능에 가깝다. 그리고 셋 중 하나가 이혼하고 혼자 사는 상황에서 전일제 일자리를 구하지 못한다면 노후에 무슨 돈으로 먹고살 것인가?

독일에서 여전히 가족문제의 표준 해결책으로 쓰이고 있는 여성의 파트타임은 좋은 해결책이 아니다. 그것은 다시금 책임을 여성에게 떠넘긴다. 단기적으로 육아 문제를 해결할 수 있을지는 모르지만 장기적으로 볼 때 수많은 다른 문제를 야기한다. 파트타임 해결책은 일방적이고 부당하다.

아이와 출세의 결합으로
덕을 보는 건 회사뿐이다

정리를 해보자. 우리 모두는 정신이 똑바르다면 여성의 직업 활동에 찬성한다. 남성의 직업 활동에 대해서는 이미 늘 찬성했었다. 고도로 전문화된 우리 직업 세계는 이른 저녁까지 우리의 봉사를 요구한다. 우리는 원할 때마다 계산을 할 수 있다. 그리고 계산의 결과는 항상 똑같다. 이런 생활에서는 한쪽이 대가를 치른다. 부모가 아니면 아이들이다. 부모일 경우 엄마다. 이 문제로 골머리를 앓다가 어느 순간 폭발하면서 이렇게 자문한다. '세상이 정말 이렇게 답답한가? 대안이 이것밖에 없나?'

선의의 제안과 혁신이 수없이 많다. 독일의 경우, 출산 후 1년 동안 지급하는 출산 장려금은 멋진 방법이다. 그 1년이 지나고 나면 25년 동안 엄청나게 많은 돈을 퍼부어야 하는데 1년 동안 푼돈을 받겠다는 희망으로 아이를 낳을 사람이 있을 것인가? 이 친절한 지원금도 현대 가족의 주요 문제를 해결하는 데에는 아무 도움이 안 된다. 국가에서 지원하는 이 열두 달이 지나면 가족생활은 언제 가능한가? 누가 언제 누구를 돌볼 것인가?

수백만 어머니들이 오후 1시에 점심을 차리고, 이어 아이를 학원에 실어 나르는 월급 없는 기사노릇을 하지 않아도 되게끔 전일제 학교 시스템을 확대하자는 아이디어 역시 무조건적인 환영을 받을 수 있을 것이다. 하지만 올 인클루시브all inclusive 전일제 학교 역시 몸으로 체험하지 못한 가족생활의 드라마를 바꿀 수는 없다. 아이들을 저녁 7시 혹은 8시까지 학교나 유치원에서 돌보아준다고 해서 가족에게 돌아가는 득은 무엇인가? 솔직히 말해 전무하다. 득을 보는 쪽은 오로지 이런 조건에서 부모들에게 무제한적인 노동을 기대할 수 있을 고용주들이다.

그럼에도 육아 시스템의 확충은 중요하고, 때로 생존에 필수적이다. 하지만 반드시 가족친화적인 것은 아니다. 제도화된 육아의 끊임없는 맹세는 무엇보다 이 한 가지를 염두에 두고 있다. 부모의 무제한적 직업 활동!

유치원에서 아이들에게 저녁을 먹이고 집에 갈 때까지 잠깐 재워줄 수 있으면 직장에 다니는 엄마들에게 정말로 많은 도움이 되는 것처럼. 결합 가능성이란 것이 '방해 없이, 제약 없이 요구받은 만큼 일할 수 있다'는 의미 이상이 아닌 것처럼.

한국의 출산 정책

한국에서 출산과 관련한 정책은 무엇이 있을까? 그리고 그러한 정책이 출산을 거부하는 여성들에게 적절한 것일까? 저출산·고령화에 대응하여 한국 정부도 2006년 저출산고령사회기본계획(〈새로마지플랜2010〉)을 발표하였다. 그러나 60년대 이래 지속된 출산억제정책이 폐지되었음에도 불구하고 일부 제도의 경우 출산억제 지향적인 요소가 존재하고 있다. 또한, 일부 제도들은 저출산 현상을 감안하지 않고 제정되거나 실행됨으로서 출산 및 양육에 장애가 될 요소를 포함하고 있다. 결과적으로 제도들 간에 모순이 나타나 저출산을 대비한 성과를 얻기가 힘들 수 있고, 〈새로마지플랜2010〉의 기본 취지를 훼손시킬 가능성이 존재할 수 있다는 것이다.

한국보건사회연구원이 2007년에 조사한 〈자녀출산에 장애가 되는 제도의 개선방안 연구〉에 의하면 출산과 양육에 어려움 없는 환경을 마련하기 위한 정부의 저출산고령사회기본계획을 구체적으로 점검하여 출산정책의 문제점과 대응방안을 잘 제시하고 있다. 이 연구는 출산 및 양육과 관련한 노동부문과 보육·교육부문, 보건·복지부문에 대한 정책 현황과 문제점 그리고 제도개선 방안 등을 제시하고 있다.

출산 및 양육과 관련하여 대표적으로 개선되어야 할 부분을 점검해 본다면 다음과 같다. 먼저 비정규직 여성근로자의 산전후 휴가 사용 관련 고용안정성이 낮은 편이다. 근로기준법(제30조)에 의하면 산

여성학교

전후 휴가기간과 그후 30일간은 해고를 금지하고 있으나 현실적으로 비정규직 여성은 임신·출산 휴가 사용 시 부당해고 등 불이익을 받고 있어 임신·출산을 연기하거나 포기하는 경우가 발생하고 있다. 또, 임신·출산과 관련하여 실업 시 구직급여 지급과 관련한 문제이다. 결혼, 임신, 출산, 의무복무 등으로 인한 퇴직(이직)이 관행인 경우에는 고용보험에서 지급하고 있는 구직급여 대상이 될 수 있다. 그러나 현실적으로 회사 관행임을 밝혀내기에는 어려움이 많아 결국 구직급여를 포기하게 되고 만다. 산전후 휴가급여 지급시기에도 문제가 있다. 2006년부터 중소기업(우선지원 대상)에는 산전후 휴가 90일분에 대한 급여를 고용보험에서 지급(최고 한도 월 135만 원)하게 되어 있다. 또한 대기업의 경우 60일분은 기업에서 지급하나 30일분은 고용보험에서 지급하게 되어 있다. 그런데 산전후휴가 급여의 경우 휴가 개시일로부터 1개월 이후에 신청이 가능하며, 처리기간이 약 2주간 소요되어 급여를 수령할 수 있는 기간이 45일 소요된다. 결국 휴가 개시일로부터 1개월이 지난 이후에도 2~3주가 지연되어 받기 때문에 수급자의 생활안정이 곤란해질 수 있다. 더구나 대기업의 경우 마지막 30일분 급여를 휴가 후 복직시점에 고용안정센터에 신청하므로 센터의 업무지연에 따라 급여를 상당 기간 후 수령하게 되는 것이다.

육아휴직제도에 있어서도 여성근로자와 남성근로자 모두에게 해당이 되지만 실질적으로 육아휴직이 여성근로자에게 치우쳐 있어 남성의 가족 돌봄 참여가 곤란한 상황이다. 이밖에 입양에 유리한 육아휴직제도라던지, 불임부부를 위한 불임휴가제, 육아휴직 이용횟수 제한 완화, 다태아 임산부에 대한 산전후 휴가기간 확대 등의 개선이 필요하다.

두 번째로 출산 및 양육과 관련한 보육·교육 부문에서 제도의 문제점은 대학의 학비가 많은 부담을 주고 있기 때문에 다자녀가구의 학생에 대한 대학장학금 수혜 인센티브 등의 제도가 필요하다고 본다. 또한, 국공립 보육시설의 입소 수요가 높음에도 우선입소 배려가 필요한 저소득층, 맞벌이가정, 장애아, 다자녀가정 등의 취약가정의 수혜율이 저조하다는 것을 문제로 볼 수 있다. 이밖에도 직장보육 시설 설치기준의 개선을 통해 증가하는 대학 내 석·박사 및 직원을 위한 직장보육시설 설치가 가능하도록 한다던지, 공단과 같은 영세사업장에 직장보육시설 설치를 의무화하여 근로여성의 일과 가정의 양립을 돕는 방법도 필요하다.

세 번째로, 출산 및 양육과 관련한 보건·복지 부문에서의 문제점은 출산 전 초음파 검진의 건강보험 비급여의 문제점을 들 수 있다. 산전 초음파의 경우 모든 임산부가 이용하는 일반적인 서비스이나 건강보험 급여대상이 되지 못해 임산부들에게 경제적 부담을 주고 있다. 임산부들을 위한 편의시설에 있어서도 현재 임산부를 위한 각종 제도적 장치들이 있지만 대부분 권고적 사항이나 선언적 조문으로 규정되어 있어 실질적 효과가 낮은 상황이다. 이밖에도 장애여성의 임신·출산과 관련한 서비스 이용에 있어, 이들의 임신·출산 등은 까다로워 복지와 의료·치료적인 성격이 종합적으로 필요한데도 관련 의료서비스는 부족한 현실이다.

　이 외에도 다양한 부분에 제도와 정책에 있어 존재하는 문제들을 개선하고 대책을 수립하려는 노력은 지속적으로 필요한 시점이다.

　그렇다면, 육아정책과 관련한 국민들의 의견은 어떠할까? 2005년도 여성가족부의 전국적 보육실태조사 결과에 따르면 육아지원정책과 관련하여 자녀를 양육하는 데 드는 양육비 지원을 희망하는 경우가 가장 많았다(44.8%). 그리고 국공립기관의 확충(18.7%), 보육의 다양성 증대(15.5%) 순으로 의견을 보였다. 이 외에도 육아휴직제도 정착 및 확대(8.4%), 교사의 질적 수준 향상(7.9%), 서비스 질 향상(3.7%), 육아정보제공(0.9%) 등에 대한 의견도 있었다.

가장 선호하는 보육시설과 그 이유를 살펴보면 아동이 있는 가구 중 56.2%가 국공립 시설을 선호하였으며, 국공립을 선호하는 이유는 '비용이 저렴해서(54.1%)'와 '신뢰가 가서(43.1%)'가 다수를 차지하였다. 또한, 공·사립 보육 교육비용의 일원화에 관한 의견도 있었는데 '공·사립 비용이 같아야 한다'고 대답한 비율이 47.5%로, '달라야 한다'는 비율 43.1%보다 높게 나타나 시설을 이용하는 부모의 입장에서는 설립유형에 따른 비용부담의 차별 완화를 요구하고 있었다.

자료 26 출산에 장애가 되는 제도개선 대상 부문 및 주제 목록

부문	일련번호	제도개선 대상 목록
노동	1	비정규직 여성근로자의 산전후휴가 사용관련 고용안정성 강화
	2	계약직 공무원에 육아휴직 기회 제공
	3	임신·출산에 따른 실업시 구직급여 지급
	4	산전후 휴가기간 탄력적 운영
	5	산전후 휴가급여 지급시기 조정
	6	산전후 휴가급여 감액제도 개선
	7	다태아 임산부에 대한 산전후 휴가기간 연장
	8	육아휴직 이용횟수 제한 완화
	9	육아휴직 남성할당제 도입
	10	자녀 있는 부의 줄퇴근 교복부 허용
	11	육아휴직 대체인력 네트워크제도 실시
	12	육아휴직자에게 불리한 정부포상기준 개선
	13	태아검진휴가제 도입
	14	불임휴가제 도입
	15	입양에 유리한 육아휴직제도 개선
	16	공무원 임용유예기간에 임신·출산기간 포함
	17	재직기간에 임신·출산 휴직기간 포함
보육 교육	18	다자녀가구의 학생에 대한 대학장학금 수혜 인센티브 제공
	19	육아지원시설의 입소 우선순위 제도 내실화
	20	보육서비스 정보공시 의무화
	21	직장보육시설에 자녀생활 모니터링 지원
	22	국·공립대학 내 보육시설 설치
	23	공단 내 보육시설 설치 의무화
	24	직장보육시설 설치기준 완화
	25	직장보육시설 교사인건비 지원방식 개선
	26	초등학교 유휴교실 활용 국공립 영아전담보육시설 설치
	27	국공립보육시설 설치·운영원칙 정립
	28	국공립보육시설의 표준화된 위탁기준 마련

	29	아동학대 신고의무 강화
	30	보육시설의 방학 금지
	31	방과 후 학교 프로그램 개선
	32	육아지원시설 보육·교육비 투명화
	33	근로자 보육수당 지급 대상시설 확대
	34	장애아 무상보육·교육비지원 연령기준 통일
	35	보육시설 이용 영유아의 상해보험 강제중복가입 개선
	36	장애아 상해보험 가입거부 개선
	37	모의 출산 시 자녀인 학생의 출석처리를 경조사에 포함
보건 복지	38	산전초음파 검진의 건강보험 급여 적용
	39	자연분만 활성화를 위한 건강보험수가 조정
	40	영유아 외래진료비 본인부담금 감면
	41	출산·양육 관련 의료부문 교육·상담 의료서비스 활성화
	42	산전후 휴가 국민연금보험료 산정방식 조정
	43	임산부 주차 우대
	44	임산부 및 유아동승 승용차 요일제 적용 제외
	45	교통시설이용 아동의 편의 도모
	46	임산부 등을 위한 편의시설 확충
	47	특수직 임신여성을 위한 복제규칙 조정
	48	다태아 산모를 위한 산모신생아도우미지원사업의 적정화
	49	산모신생아도우미의 전문성 제고 방안 마련
	50	장애인 여성의 임신 출산관련 서비스에 대한 접근성 제고
	51	장애인 여성의 임신 출산에 대한 산모도우미 지원 강화
	52	여성 청소년 생식기 건강 정보제공 강화
	53	임신 준비 여성을 위한 건강증진프로그램 활성화

＊출처 : 한국보건사회연구원, 〈자녀출산에 장애가 되는 제도의 개선방안 연구〉, 2007

자료 27 제 특성별 육아지원정책의 우선순위에 대한 의견

(단위 : %)

구분	전체	영아	유아	초등저학년생	초등고학년생
양육 비용 지원	44.8	41.6	47.5	48.2	41.7
국·공립 기관의 확충	18.7	18.7	17.0	19.3	20.4
보육의 다양성 확대	15.5	19.6	16.8	11.3	12.9
육아휴직제도 정착 및 확대	8.4	10.0	7.4	6.6	9.6
교사의 질적수준 향상	7.9	5.2	6.6	10.5	10.0
서비스의 질 향상	3.7	3.6	3.6	3.1	4.8
육아 정보 제공	0.9	1.3	0.9	0.8	0.6
기타	0.1	0.1	0.1	0.2	–
계	100.0	100.0	100.0	100.0	100.0

＊출처 : 여성가족부, 〈전국적 보육실태조사〉, 2005

가족에게 소중한 건
몸으로 체험하는 순간이다

우리의 가족은 진정한 이해관계를 관철시키지 못한다. 제대로 된 질문을 던지는 것조차 못할 때가 많다. 예를 들어 이런 질문들 말이다. '나는 내 인생의 얼마나 많은 시간을 누구에게 선사하고 있나?' '나는 어떻게, 무엇을 위해 시간을 투자하고 싶나?' '나는 지금처럼 계속 살고 싶은가?'

인생에 주어진 시간이 우리가 가진 가장 값진 것이고 다른 것으로 보상하거나 대체할 수 없는 것임에도, 우리 가족들은 지금 돌이킬 수 없는 유일한 삶이 아닌 다른 어떤 삶인 양 살고 있다. 훗날 되찾게 될 더 나은 것의 기획안이나 샘플인 양 말이다. "우리들 대부분은 85세의 나이로 지난 85년을 돌아보며 중요한 것을 망각했다"고 말했던 작가 호르헤 루이스 보르헤스Jorge Luis Borges와 다르지 않다. "다시 한 번 살 수 있다면 더 많은 실수를 저지르려 노력할 것이다. 지금까지보다 조금 더 제멋대로 살 것이며 매사를 덜 심각하게 생각할 것이다. 다시 한 번 시작할 수 있다면 그저 더 많은 행복의 순간을 가지려 노력할 것이다. 삶이란 이런 순간들로, 오로지 순간들로만 이루어지는 것이기에. 물론 현재의 순간도 포함된다는 것을 잊지 마라."

우리는 이런 순간들을 낭비하며 믿을 수 없을 만큼의 사치를 누린다. 그리고 우리는 미루기의 대가이다. 이 생에서 주부였다면 다음 생에서는 마침내 원하던 연극학교에 다닐 것이다. 직업이 나를 놓지 않는 바람에 이 생에서 아이를 놓쳤다면 다음 생에선 반드시 아이들을 데리고 세계일주를 떠날 것이다. 이 생에서 일 때문에 아이 낳는 걸 잃어버렸다면 다음번에는 반드시 제때에 아이를 떠올릴 것이다. 우리의 욕구를 결합시키려 애쓰는 대신 소망의 절반을 가지지 못한 미래로 연기한다. 내가 늙으면 제대로 된 책을 읽고, 그림을 시작하고, 걸어서 로마로 갈 거다. 가능하다. 물론 개연성이 그리 높지는 않지만 말이다. 늙으면 아이들과 사과나무 밑에 앉아 이야기를 들려주고 뗏목을 만들어 그걸 타고 바다로 나갈 것이다. 그건 절대 불가능하다.

가족에게 필요한 건, 지금 필요하다. 가족에게 필요한 건 결합가능성의 신화 때문에 외통수로 몰린 부모들을 위해 밤낮으로 문을 여는 육아기관만이 아니다. 복고의 유리 뚜껑으로 덮어놓은 여성의 실업도 아니다. 우리에게 필요한 건 무엇보다 자신의 소리에 귀를 기울일 용기이다.

정말로 일 없이 아이들과 함께 집에 있고 싶은가 아니면 다른 것을 원하는가? 여성들에게 불이익인 파트타임 해결책을 바라는가? 아니면 평등한 권리를 원하는가? 하루 종일 일하는 우리의 1시간짜리 가족생활이 진정으로 우리가 바라는 것인가? 아니면 우리는 제3의 것을 바라는가?

그 제3의 것을 가족에게 선사할 사람은 없다. 여성이 주부로 머물면 남성들이 이득을 본다. 아이를 하루 종일 맡기면 경제가 이득을 본다. 가족의 시간으로 이득을 보는 건 가족뿐이다. 그들의 화폐는 몸으로 체험한 순간이다. 그 순간에 관심을 가지는 이는 오로지 가족 자신들 뿐이다. 때문에 그 시간을 얻기 위해 투쟁할 수 있는 것도 가족뿐이다. 여성이 돈으로 지불하지 않는 가족의 시간은 지금껏 알 만한 이유로 정치 테마로 부상하지 못했다.

인구를 다시 늘이고 싶다면 변해야 한다. 아버지와 어머니를 위하여 보장된 가족 시간, 넉넉하게 허용된 가족의 시간이 없다면 우리는 이 궁지에서 헤어나지 못할 것이다. 모든 것은 여기에 달려 있다. 가족은 이런 생존 시간을 요구할 합법적 권리가 있다. 가족은 강력하다. 가족은 아직 그 힘을 실제로 이용하지 않았다.

가족은 성과주의 사회의
박자에 맞춰 춤을 춘다

물론 우리의 성과주의 사회에서조차 아이들을 돈이나 친절한 고용인, 굿나잇 키스로만 키워서는 안 된다는 말이 나온 지 오래다. 물론 21세기의 초반과 후반은 부모들의 시간 계산법이 완전히 다를 것이란 것도 잘 알고 있다. 한쪽 발은 현대 경제생활의 박자에 맞춰, 다른 쪽 발은 어린아이의 리듬에 맞춰 껑충거리는 부모들의 모습도 보인다.

많은 이들이 이런 난제의 해결책에 그냥 미국 상표를 붙여버린다. 6시와 7시 사이, 하루 종일 일하고 돌아온 근로자들이 그들의 자녀들을 행복하고 창의적이고 사랑이 넘치는 인간으로 교육시켜야 하는 그 짧은 시간을 일컬어 그냥 퀼러티 타임Qulity Time이라 부른다.

많은 것을 약속하는 듯한 개념이다. 하지만 퀼러티 타임을 번역해보면 대충 이런 뜻이다. '긴 정상 시간은 일하는 기업의 것이다. 짧은 시간은 아이들의 것이고, 너무 짧기 때문에 질적 시간이라 부른다.' 철저하게 공허한 광고 언어이다. 아이들에게 필요한 것이 있다면 그건 시간이지 질적 시간이 아니다. 아이들에게 필요한 건 신뢰와 자유와 애정과 발전가능성이며, 분명 그밖에도 아주 많은 것들이 있을 것이다. 아이들이 전혀 필요치 않은 것이 있다면 그건 퇴근 시간과 뉴스 시간 사이의 틈을 이용하여 교육적인 불꽃놀이를 쏘아대는 부모이다.

그럼에도 온갖 요구들 사이를 허우적거리는 결합가능성 가족은 정확히 그것을 감행한다. 급한 이들을 위한 육아. 모든 것은 요약본으로, 모든 것은 엄청난 속도로. 바이올린, 피아노, 리코더, 고무적인 가족 대화, 책, 세상 돌아가는 이야기, 감동적인 사건들, 베스트 원, 베스트 투, 베스트 쓰리. 그리고 잘 자!

휴가는 광범위한 학교 공부 보충시간으로 이용한다. 차를 타고 달리는 긴 시간은 라틴어 단어를 물어보고 이탈리아에서 보낸 가족휴가는 고대문화와 로마의 도시개발을 가르치는 속성 강좌이다. 다방면에서 의욕적인 서비스 가족은 언젠가부터 밤낮으로 성과주의 사회의 뜻에 따라, 성과주의 사회에 유익하도록 작동한다.

적지 않은 가족이 이런 압력에 몸을 맡긴 탓에 일정 시간이 지나면, 마약처럼 자극하고 채찍질하는 이런 압력이 없으면 더 이상 견디지 못하는 상태가 된다. 그런 가족의 모든 구성원은 최고의 성과를 내야 한다고 배운다. 어머니는 사무실 컴퓨터 앞에서, 미팅에서 힘든 핵심 업무를 처리하고 이어 집으로 돌아와 덜 힘든 가사일을 처리하고, 음악을 연주하고 도자기를 만들며 최고의 성과를 올려야 한다. 아이들은 엘리트 학교에서, 이어 피아노와 발레, 연극, 유도, 바둑을 배우면서 최고의 성과를 올려야 한다.

아무도 할 수 없는 일을 모조리 한꺼번에 해치우는 것 같은 이런 홍보용 가족을 보며 누구나 감탄을 금치 못한다. 거짓된 결합가능성 신화의 후광을 계속 닦아 윤을 내기 위해 우리에게 소개되는 가족은 늘 그런 가족들이다. 모두가, 아이들도, 부모도 시간이 가면서 가족이라기보다 쥐어 짠 티백 같은 꼴이 되지만 아무도 진지하게 걱정하지 않는다. "노력이 없으면 대가도 없다." 내면생활의 산업화가 발명되었던 시대에 이미 회자되던 말이다.

요즘 아이들의 과도한 요구가
가족의 짐이 된다

결합가능성 독재의 노예가 된 성과주의 가족은 아이들이 건강하게 자라기 위해 필요한 것을 챙길 시간이 거의 없다. 시간의 부족을 주제로 삼을 시간조차 부족하다. 부모는 노동세계의 생산성 논리를 가족생활에 그대로 적용하기 때문에 가족의 원래 의미가 결핍되었다는 사실을 전혀 눈치 채지 못한다.

인류가 탄생한 이후 아이들은 언제나 주어진 시대 조건 하에서 불만 없이 성장했다. 그들의 반응은 절대 논리적이지 않고 설사 그렇다 해도 그런 경우는 극히 드물다. 예전에는 그냥 죽는 경우도 많았다. 요즘 아이들은 주의력 장애를 겪고 몇 주 동안 갑자기 아무 말 없이 누워 있고 두통을 호소하고 오줌을 싸고 얼굴이 창백하고 지쳐 보이며 과잉행동이나 무관심으로 일관하고 계속 골골거리거나 잠을 못 자고 감정을 숨기고 제대로 움직이지 못한다. 혼자 있으면 어찌 할 바를 모르고 계속해서 오락이나 뭔가 할 일을 찾고 한 가지 일에 오래 매달리지 못하고 금방 따분함을 느끼며 집중을 못하고 쉽게 공격적으로 변하고 계속 새로운 놀이와 매력과 유혹을 바라며 스스로 노는 법을 잊어버렸다. 아이들이 우리에게 던진 과도한 요구들 중에서 가장 빈도가 높은 몇 가지만 들어본 것이다. 유치원에서 시간계획표에 맞추어 짜놓은 프로그램의 하나인 '자유 놀이'는 성과주의 유아기 모델에서 거의 신뢰성이 없어 보인다.

물론 이 모든 일이 부모의 잔혹함이나 비열한 의도 때문에 일어나는 건 아니다. 이 모든 건 후기 자본주의 시대의 가족이 쥐덫에 걸렸던 쥐처럼 아무런 잘못도 없이 빠져든 가족 패러독스의 일부이다.

누구의 지도도 받지 않은 자유로운 놀이가 아이의 발달에 얼마나 결정적 영향을 미치는지는 우리도 잘 아는 바이다. 아이들의 인지 능력은 신체적 경험과 하나가 될 때에만 발달할 수 있다는 것도 잘 알고 있고, 자유롭게 움직일 수 있는 가능성, 나무타기, 균형 잡기, 뛰기, 달리기, 탐색하기 등이 아이들에게 미치는 영향력도 잘 알고 있다. 아이들의 상상력과 감정세계가 매체 및 완구 산업의 식민지가 될 경우 찾아올 위험도 잘 알고 있다. 아이들의 운동과 체험의 가능성이 자동차, 아스팔트, 좁은 집으로 인해 제약을 받고 있다는 것도 잘 알고 있다. 부모는 불만에 찬 우리 아이들의 절대로 잠재울 수 없는 소비욕구 때문에 고통받고 있다.

사회의 책임인 이런 결핍의 보상은 가족의 짐이다. 야망이 넘치는 가족은 엄청난 노력을 들여 잃어버린 자연의 체험공간을 계획된 서비스로 대체하려 애쓴다. 야망이 좀 덜하거나 부담이 너무 과도한 가족은 TV가 제공하는 대용품으로 국한한다. 그래서 우리 모두는 뭔가 근본적인 것이 잘못되었다는 참을 수 없는 기분에 시달리게 된다.

가족은 효율성의 원칙보다 심장의 원칙에 귀를 기울여야 한다

가족은 마지막 도피처의 하나이다. 가족은 전원이나 인형의 집이 아니다. 하지만 가족의 이상은 여전히 경제와 가속화의 전권에 대항하는 반 모델이다. 가족은 경쟁의 원칙이 아닌 단결의 원칙에 따라 조직된다. 가족의 자본은 언젠가 달성할 목표, 실행에 옮길 업무 계획이 아니라 행복하게 몸으로 체험한 순간이다. 가족은 효율성 원칙이 아니라 심장의 원칙에 귀를 기울인다.

이런 특성을 잃으면 가족은 자신을 잃는 것이다. 이런 특성을 지키지 못하면 가족의 존재 기반은 무너진다. 하지만 어떻게 지킨단 말인가? 노동세계의 논리에 맞서 어떻게 자신의 논리를 주장할 수 있을까? 미래의 문제는 바로 그것이다. 위협받는 가족 공간을 지키는 살아 있는 방패가 되기 위해 여성이 노동현장에서 일부 혹은 완전히 물러나는 방법을 고민하는 것이 문제가 아닌 것이다.

"행복한 가족은 모두 똑같고 불행한 가족은 각자의 방식으로 불행하다"는 유명한 톨스토이의 말은 우리 시대에 와서 뒤집힌다. 가족의 불행은 구조적이며 행복은 개별적이 되었다. 톨스토이의 삶과 결혼상황으로 되돌아가지 않고도 톨스토이의 조화를 회복할 수 있다면 정말 좋은 일이다.

완전히 짐을 벗어던진 1시간짜리 가족은 현대 가족정책의 지평선에 등장한 모습 그대로 구조적 행복의 훼방꾼이다. 나선형의 직장 진로, 얌전하게 현대화에 동참한 이들의 고독과 탈진을 보장하는 데 더할나위 없는 적임자다. 아이들의 방해가 없는 부모의 근무시간은 일반의 인정과 국가의 지원을 누리지만, 일 때문에 방해받지 않는 가족의 시간 역시 발견되고, 나아가 보호되어야 한다. 가족의 시간이 없으면 가족은 없기 때문이다. 그리고 가족이 없으면 아이들도 없다. 모든 것을 한꺼번에 원하는 사람은 아무 것도 얻지 못할 것이다. 얻을 것이라고는 세인의 이목을 끌만큼 겉치레를 한 고독과 놓쳐버린 삶뿐.

가족에게는 선사된 시간이 필요하다

　부모의 맞벌이시대는 후퇴할 수 없을 것이다. 여성들의 취업률은 높아질 것이고, 부부의 역할 분리는 과거의 이야기가 될 것이다. 동등한 노동의 시대에 가족이 생존할 수 있는 길은 단 하나, 인류의 진보로 인해 멸종의 위기에 처한 동물 종에게 선사하는 보호조치를 가족에게도 취하는 것이다. 가족의 경우(사정이 나쁜데도) 보호해야 할 생활공간이 더 적다. 그것은 바로 가족의 생명 시간이다. 그 생명의 시간 주위로 국도변의 거북이에게 하듯 보호 울타리를 쳐야 가족을 대량 사고사와 멸종으로부터 지킬 수 있다.

　엄마, 아빠들은 서둘러 아이들에게 더 많은 시간을 선사해야 한다. 어떤 계산으로도 이익을 올리지 못할 선사된 시간을. 이 가족 시간을 임금협정에서 어떤 이름으로 불러도 좋다. 인생 단계별 시간제 일자리, 평생 근로시간 통장(오버타임을 모아 두었다가 시간통장을 만들어

정년을 앞당기는 제도. 연금보험에서 사용하며, 직장을 옮길 경우 해당되지 않는다), 탄력근무시간제, 잡 셰어링(사업장 내 과잉인력 문제를 해결하기 위해 근로자 1인당 근무시간을 단축, 사원 한 명의 일을 여러 명이 나눠서 하는 새로운 노동형태) 양쪽 부모를 위한 3분의 2일제 일자리…….

"저녁 7시 탈진한 남편과 아내를 허둥지둥 집으로 달려가게 만드는 이런 환상적인 직장에서 일을 줄인 부모에게 전혀 불이익이 돌아오지 않도록 재분배할 수는 없을까요? 아이들이 손 잡고 거닐어야 할 숲길 산책을 돈 주고 전문인력에게 맡기고 싶은 부모가 몇이나 될까요? 실업자 4만 명 시대에 완전한 탈진이라는 대가를 치르지 않고서도 직장과 아이를 결합시키기가 정녕 불가능하단 말입니까?" 한 여성 독자가 이런 편지를 내게 보냈다.

편지에는 그녀의 꿈도 담겨 있었다. "제가 꿈꾸는 세상은 부모가 아이들에게 시간을 할애할 수 있도록 공적 비용을 투입하자는 데 합의하는 세상입니다. 부모가 이런 선사받은 시간을 원치 않을 정도로 자신이 직장에서 없어서는 안 될 존재라고 착각하지 않는 세상입니다. 내가 꿈꾸는 세상은 그들을 위해 이런 일터가 비어 있는 세상입니다." 그런 그녀의 꿈, 가족을 위한 시간 보호 지대의 꿈은 나의 꿈이기도 하다. 그것은 온 가족의 꿈이다. 그런데 왜 그 꿈이 실현될 수 없단 말인가?

미래에는 자신이 빠지면 일이 안 된다고 생각하는 남성 수뇌부들조차도 가끔 한 번식은 그 무엇으로도 대체할 수 없는 가족의 시간을 위해 이른 오후 똑똑한 대리인에게 업무를 넘길 것이다. 우리가 생존에 필수적인 개혁을 단행하느니 차라리 멸종을 택할 것이라고는 도저히 상상할 수 없다. 개혁이 성공하지 못할 것이라는 상상은 더더욱 불가능하다. 새로운 이동 수단이나 새 휴대전화의 개발에 투자하는 만큼의 에너지와 전문지식을 딱 한 번, 아주 짧은 기간 동안만이라도 새로운 근로시간 모델의 개발과 관철에 투자한다면, 덜 복잡하기는 하지만 우리 모두를 심각하게 위협하는 이런 조직적 문제는 순식간에 해결될 것이다.

우리는 중요한 순간을 위해 브레이크를 밟아야 한다.

생 텍쥐페리의 《어린 왕자》에 등장하는 어린 왕자는 고독한 왕의 행성, 허영심으로 가득 찬 남자의 행성, 술꾼의 행성, 별을 소유한 사업가의 행성, 쉬지 않고 가로등을 켜는 남자의 행성, 똑똑한 지리학자의 행성을 돌아보고 실망한 후 지구에 도착한다. 여태껏 어린 왕자는 양 한 마리와 장미꽃 한 송이와 함께 아주 작은 행성에서 살았기 때문에 지구가 아주 낯선 풍경이었다.

그가 지구에서 만난 첫 남자는 전철수轉轍手였다. 그는 여행객들을 분류하여 그들을 실은 기차를 어떨 땐 왼쪽으로, 어떨 땐 오른쪽으로 보냈다. 기차가 불꽃을 튀기며 천둥 같은 소리로 어린 왕자와 전철수 옆을 지나갔다. "저 사람들은 어디로 가는 거지?" 어린 왕자가 물었다. "그건 열차의 기관사도 모른단다." 전철수가 대답했다. 그때 두 번째 기차가 반대방향으로 달려갔다. "그 사람들이 벌써 되돌아온 거야?" 어린 왕자가 물었다. "아까 그 사람들 아니야. 서로 자리를 바꾸는 거지." 전철수가 대답했다. "그렇다면 자기가 있던 곳에 만족하지 못하는 거야?" 어린 왕자가 물었다. "사람들은 절대로 자기가 있는 곳에 만족하지 못한단다." 전철수가 대답했다. 다시 기차 한 대가 천둥소리를 내며 달려왔다. "첫 번째 승객들을 쫓아가는 거야?" 어린 왕자가 물었다. "아무것도 쫓아가지 않아. 저 안에서 잠을 자거나 하품을 하지. 아이들만 차창에 코를 박고 밖을 내다본단다."

자신이 들른 모든 행성의 운영 비밀과 거짓을 순식간에 파악하는 어린 왕자는 이번에도 쉴새없이 움직이는 지구의 비밀을 금방 간파했다. 지구는 엄청난 속도로 돌아가고 기차는 달리고 불꽃을 튀기며 모든 것이 반짝이고 번쩍이며 미친 듯이 질주한다. 하지만 그 안에서는 지친 사람들이 어디로 가는지도 모른 채 앉아 있다. 단 한 번도 자신이 있는 곳에 만족하지 못하는 사람들. 어디로 가야 할지 생각이 없는 사람들. 아이들만 가끔씩이나마 창밖을 내다본다. 어린 왕자는 이런 결론을 내린다. "어디로 가고 싶은지 아는 사람은 아이들뿐이군."

물론 어린 왕자가 앞으로 달려가려는 우리의 미친 듯한 노력이 목표를 상실했다고 구체적으로 언급하지는 않는다. 그에 대해 고민할 수 있는 사람은 우리들뿐이다. 그리고 그건 어렵지 않은 일이다. 어쨌거나 아이들은 창밖을 내다보지 않는가. 어디로 가고 싶은지는 명확하다. 그들은 밖으로 나가고 싶다. 기차에서 내리고 싶다.

왜 우리는 그냥 브레이크를 밟아버리지 않는 걸까? 차를 세우고 인생에서 중요한, 돌아오지 않을 이 순간에 야외로 나가지 않는 걸까?

사랑, 일과 아이들이 서로를 배척하지 않을 것이다. 피할 수 없다. 가족은 아직 21세기로 건너가지 못했다. 이 순간 우리가 겪고 있는 극한강도(재료가 감당할 수 있는 최대의 응력) 실험은 우리가 노력한다면 우리 아이들은 겪지 않아도 될 것이다. 그것은 우리의 가슴과 우리의 시간 계획표에서 동시 작동하지 못했던 다른 세기의 문화들이 충돌한 결과이다.

사랑에 믿음이 없다면, 성역할에 자유가 없다면, 사적 영역과 심장의 보호에 자의식이 없다면 그건 안 된다.

이 시대 가정을 꾸릴 엄두가 나지 않는 사람들의 고통, 온갖 장애와 맞서 싸우는 사람들의 탈진, 싸우다 좌절한 사람들의 슬픔은 대답을 요구한다. 그리고 그 대답은 다시 가족의 힘을 약화시키고 가족의 시간을 도둑질하며 가족 구성원들의 인생행로를 갈가리 찢어 멀리 떨어뜨려놓는 것으로 끝나서는 안 된다.

우리 여성들에게 끔직한 것들을 잔뜩 늘어놓고 그 중 하나를 선택하라고 해서는 안 된다. 노동의 세계에서 물러나건, 지쳐 떨어질 때까지 가정과 직장 사이에서 시달리건, 둘 다 두려워 아이를 낳지 않건, 해방의 첫 세기에 여전히 우리 앞에 놓여 있는 대안들은 편협하고 상상력이 결핍되어 있다. 우리에게서 그것을 기대하는 남성들 역시 마찬가지이다.

내가 우리 딸들에게 바라는 미래는 다른 모습일 것이다. 우리가 원한다면 더 이상 미래의 이름은 '하나는 너무 적고 둘은 너무 많다'가 아닐 것이다. 그렇게 되면 자유가 있을 것이다. 사랑과 일과 아이들, 이 셋이 더 이상 서로를 배척하지 않을 것이다. 그게 그렇게 힘든 일은 되지 않을 것이다.

Korea Report 참고문헌

기선민, 〈아이 낳기가 무서운 이유〉, 〈중앙일보〉 2007. 11. 20

김경자 · 임선영 · 김경원, 《함께 성장하는 결혼 그리고 가족》, 도서출판 구상, 2007

보건복지부 저출산대책팀, 〈출생아수 합계출산율 당초 예상보다 크게 증가〉, 2007

삼성증권, 〈여성투자자 재테크 설문조사〉, 〈매일경제〉 2007. 10. 8

여성가족부, 〈전국적 보육실태조사〉, 2005

전기택, 〈한국여성정책연구원, 부부의 초상 동상이몽? 통계분석 07-12〉, 2006

통계청, 〈2005년 생명표〉, 2006

통계청, 〈2005년 인구주택총조사, 표본집계결과(여성 · 아동 · 고령자 · 활동제약자 ·
혼인연령 · 1인가구 부문)〉, 2006

통계청, 〈2006년 이혼통계 결과 보도자료〉, 2007

통계청, 〈사회통계조사〉, 2006

통계청, 〈여성의 연령 및 연도별 경제활동 참가율〉

통계청, 〈인구주택총조사〉, 2005

통계청, 〈장래인구추계결과〉, 2006

통계청, 연도별 〈인구주택총조사〉

한국여성정책연구원, 〈'이혼, 어떻게 볼 것인가' 이슈브리프 07-09〉, 2007

한국여성정책연구원, 〈이혼 후 자녀양육실태조사〉, 2006

한국보건사회연구원, 〈자녀출산에 장애가 되는 제도의 개선방안 연구〉, 2007

한국보건사회연구원, 〈전국 출산력 및 가족보건 · 복지실태 조사〉, 2006

〈SBS 8시 뉴스〉, 2007. 11. 12

지은이 이리스 라디쉬 **Iris Radisch**

〈차이트 die zeit〉지의 문학 편집인. 2003년부터 잉게보르크 바하만 상의 심사위원을 맡고 있고 2006년 가을부터는 스위스 TV와 3sat의 책 프로그램 〈문학클럽〉의 사회를 보고 있다.

옮긴이 장혜경

연세대학교 독어독문과를 졸업했으며 동대학원 박사과정을 수료했다. 독일 학술교류처 장학생으로 독일 하노버 대학에서 공부했다. 옮긴책으로 《고령사회 2018, 다가올 미래에 대비하라》《가족, 부활이냐 몰락이냐》《강한 여자의 낭만적 딜레마》《오노 요코》《이야기로 읽는 부의 세계사》《식물동화》《청소년을 위한 이야기 전쟁과 평화》 등이 있다.

한국 자료 조사 박선민

성신여자대학교 가족문화소비자학과를 졸업하고 동 대학원 박사과정을 수료했다. 현재 동대문구 건강가정지원센터 상담팀장으로 재직 중이며 여성가족부 양성평등교육 전문강사 활동과 대학에서 가족학 관련 강사로 일하고 있다.

여성 학교

초판 1쇄 인쇄 2008년 3월 3일
초판 1쇄 발행 2008년 3월 12일

지은이 | 이리스 라디쉬
옮긴이 | 장혜경
한국 자료 조사 | 박선민
펴낸이 | 한 순 이희섭
펴낸곳 | 나무생각
편집 | 김현정 이은주
디자인 | 노은주 임덕란
마케팅 | 나성원 김종문
관리 | 손재형 김선영

출판등록 | 1998년 4월 14일 제13-529호
주소 | 서울특별시 마포구 서교동 475-39 1F
전화 | 02-334-3339, 3308, 3361
팩스 | 02-334-3318
이메일 | tree3339@hanmail.net
홈페이지 | www.namubook.co.kr
블로그 | blog.naver.com/tree3339

ISBN 978-89-5937-146-4 03330